ADONIS ✷ MARC ALYN ✷ ARTHUR H ✷
ANNA AYANOGLOU ✷ RITTA BADDOURA ✷
JULIEN BAER ✷ ADELINE BALDACCHINO ✷
OLIVIER BARBARANT ✷ LINDA MARIA BAROS
✷ RIM BATTAL ✷ TAHAR BEN JELLOUN ✷
VÉRONIQUE BERGEN ✷ ZÉNO BIANU ✷ ARTHUR
BILLEREY ✷ ALEXANDRE BONNET-TERRILE
✷ ALAIN BORER ✷ YVES BOUDIER ✷ SARA
BOURRE ✷ NICOLE BROSSARD ✷ TOM BURON
✷ GÉRARD CARTIER ✷ PATRICIA CASTEX
MENIER ✷ SYLVESTRE CLANCIER ✷ WILLIAM
CLIFF ✷ FRANÇOIS DE CORNIÈRE ✷ JEAN
GABRIEL COSCULLUELA ✷ CÉCILE COULON ✷
CHARLÉLIE COUTURE ✷ SEYHMUS DAGTEKIN
✷ JEAN D'AMÉRIQUE ✷ JACQUES DARRAS ✷
SÉVERINE DAUCOURT ✷ GUILLAUME DECOURT
✷ CHLOÉ DELAUME ✷ PATRICE DELBOURG
✷ DENISE DESAUTELS ✷ SAMUEL DESHAYES
✷ CYRIL DION ✷ HÉLÈNE DORION ✷ ARIANE
DREYFUS ✷ ALAIN DUAULT ✷ ANNE DUJIN
✷ LOUISE DUPRÉ ✷ FALMARÈS ✷ ESTELLE
FENZY ✷ MICHÈLE FINCK ✷ RODRIGUE
FONDEVIOLLE ✷ GAËLLE FONLUPT ✷ PAUL
FOURNEL ✷ LILI FRIKH ✷ LAURENCE FRITSCH
✷ LAURE GAUTHIER ✷ ALBANE GELLÉ ✷ DAVID
GIANNONI ✷ JEAN-LOUIS GIOVANNONI ✷ GUY
GOFFETTE ✷ PALOMA HERMINA HIDALGO ✷
CÉCILE A. HOLDBAN ✷ CHARLES JULIET ✷

VÉNUS KHOURY-GHATA ✸ ABDELLATIF LAABI
✸ CAROLINE LAMARCHE ✸ CHRISTOPHE
LANGLOIS ✸ ANNIE LE BRUN ✸ YVON LE MEN
✸ MÉLANIE LEBLANC ✸ JULIA LEPÈRE ✸
PIERRE LEPÈRE ✸ SOPHIE LOIZEAU ✸ LISETTE
LOMBÉ ✸ KRISTELL LOQUET ✸ CHRISTOPHE
MANON ✸ GUILLAUME MARIE ✸ EVA MARZI
✸ FRANCK MÉDIONI ✸ BLANDINE MERLE ✸
MARIE MODIANO ✸ ANTOINE MOUTON ✸
JULIE NAKACHE ✸ NIMROD ✸ JAMES NOËL ✸
NICOLE M. ORTEGA ✸ JEAN-PIERRE OTTE ✸
SARAH LOUISE PELLETIER-MORIN ✸ SERGE
PEY ✸ PAULINE PICOT ✸ PIERRINE POGET ✸
VIRGINIE POITRASSON ✸ JEAN PORTANTE
✸ ALDO QURESHI ✸ GRÉGORY RATEAU ✸
HORTENSE RAYNAL ✸ JACQUES RÉDA ✸
DIANE RÉGIMBALD ✸ THOMAS B. REVERDY
✸ GUILLAUME RICHEZ ✸ JEAN ROUAUD
✸ JACQUES ROUBAUD ✸ JAMES SACRÉ ✸
DOMINIQUE SAMPIERO ✸ ÉRIC SARNER ✸
EUGÈNE SAVITZKAYA ✸ JEAN-PIERRE SIMÉON
✸ JEAN-LUC STEINMETZ ✸ OLIVIA TAPIERO ✸
ARTHUR TEBOUL ✸ MAUD THIRIA ✸ MILÈNE
TOURNIER ✸ NOAH TRUONG ✸ LAURA
VAZQUEZ ✸ ANDRÉ VELTER ✸ LAURENCE
VIELLE ✸ CHRISTIAN VIGUIÉ ✸ THOMAS
VINAU ✸ PIERRE VINCLAIR ✸ STÉPHANIE
VOVOR ✸ CHEHEM WATTA ✸ CLARA YSÉ

ESPRIT DE RĒSISTANCE

ESPRIT DE RÉSISTANCE

L'ANNÉE POÉTIQUE : 118 POÈTES D'AUJOURD'HUI

Anthologie réunie et présentée
par Jean-Yves Reuzeau

ÉDITIONS SEGHERS

Printemps des Poètes

LA TRÈS GRANDE MAJORITÉ DES TEXTES DE CE LIVRE SONT INÉDITS. POUR LES EXCEPTIONS, SE REPORTER À LA RUBRIQUE REPÈRES BIBLIOGRAPHIQUES, P. 357.

92, AVENUE DE FRANCE, 75013 PARIS
DÉPÔT LÉGAL : JANVIER 2025
ISBN : 978-2-232-14809-5

En mémoire de Bernard Delvaille,

des amis envolés :

Lucien Francœur,
Guy Goffette,
Charles Juliet,
Pierre Lepère,
Jacques Roubaud.

et d'autres poètes récemment disparus :

Normand de Bellefeuille,
Daniel Birnbaum,
Roger Dextre,
Jean-François Dubois,
Michel Dugué,
Claude Held,
Annie Le Brun,
Jean-François Mathé,
Jean-Luc Maxence,
Marcel Migozzi,
Claude Mourthé,
Jacques Réda,
Patrick Reumaux,
Jean Ristat,
Caroline Sagot-Duvauroux,
Roland Tixier,
Ben Vautier,
Alexandre Voisard.

Préface
par Jean-Yves Reuzeau

Seule peau que j'aime : poème[1]

« Nous avons oublié que, n'étant tenue par rien, la poésie possède depuis toujours le dangereux privilège d'aller vers ce qui échappe aux autres façons de penser. »

Annie Le Brun

Cette anthologie entend redonner vie à *L'Année poétique*, publication restée mythique pour tout passionné de poésie. Autant dans les années 1970 que 2000 (et sous d'autres titres dès les années 1950, comme *Les Poèmes de l'année* d'Alain Bosquet), ce livre des éditions Seghers s'était donné l'ambition de dresser le bilan d'une année de création poétique en langue française. Il a permis à des générations de découvrir des poètes contemporains venus de tous les horizons de la francophonie. Et même au-delà, certains ayant délibérément *choisi* d'écrire en français. Au sommaire des éditions 1975-77 de *L'Année poétique,* figuraient des poètes comme Alain Borer, Tahar Ben Jelloun, William Cliff, Patrice Delbourg, Alain Duault, Jean-Louis Giovannoni, Abdellatif Laâbi, Annie Le Brun, Yvon Le Men, Pierre Lepère, Jean-Pierre Otte, Jacques Réda, Jacques Roubaud, James Sacré, Eugène Savitzkaya ou André Velter. Des auteurs encore bien présents aujourd'hui dans un paysage poétique en perpétuel mouvement, même si deux d'entre eux viennent de nous quitter.

Allô
Non merci pas d'image ce soir
Le poète de camomille digère
ses noyaux de silence

Guy Goffette

---

1. Titre tiré du dernier vers de « La peau du poème », texte d'Antoine Mouton, en page 246.

« Esprit de résistance », thème retenu en pensant certes à notre époque chaotique et menaçante, mais aussi à Pierre Seghers (1906-1987), lui qui sut si bien, tout au long de sa vie, hisser la poésie au rang d'art insurgé. Résistant de la première heure, il n'aura eu de cesse de servir la poésie, de traquer le feu sous la langue. Liberté, liberté, j'écris ton nom... Dès sa mobilisation en septembre 1939, il crée une revue dans laquelle il réunit les plus grands poètes de la Résistance dont ses amis Aragon, Paul Eluard, Loys Masson ou René Char. En 1944, il crée la collection « Poètes d'aujourd'hui », novatrice autant par son format que par son concept, qui rendit la poésie accessible au plus grand nombre. Si l'éditeur des poètes cède sa maison à Robert Laffont en 1969, il restera toujours sur la brèche, écrivant, traduisant (Omar Khayyâm, Hâfez, Saadi), animant la revue *Poésie* (dont le titre était suivi de l'année en cours) et produisant des soirées poétiques. Il sera l'auteur de livres comme *La Résistance et ses poètes*, *Le Domaine public* ou *Le Temps des merveilles* qui rassemble son œuvre poétique personnelle. Il écrira des chansons interprétées par Léo Ferré, Juliette Gréco ou Catherine Sauvage. En 1983, avec Pierre Emmanuel, il crée la Maison de la Poésie de la Ville de Paris. Son travail sera notamment poursuivi par Bernard Delvaille, lui aussi ardent défenseur de la permanence de la poésie. Ce dernier permit à une nouvelle génération de s'imposer, notamment grâce à son importante anthologie « couverture blue-jean » (*La Nouvelle poésie française*) parue en 1974. Un livre d'ouverture et de pari, subversif pour l'époque.

> ce qui résiste a souvent jeté la barricade
> pour combattre la servitude
> l'occupation
> des peuples des personnes
>
> Diane Régimbald

Si la poésie est « main tendue », selon Paul Celan, elle résiste aux convenances, aux discours dominants. Lieu de remise en jeu permanente de la langue, elle s'oppose fermement à l'impérialisme du sens, à un monde trop rationnel, à une ère de cynisme et de médiocrité sublimée. Pour éprouver le monde et la vie commune, elle entend appréhender le réel dans ses failles, quitte à tordre la syntaxe. Si elle n'est pas forcément engagée, elle stimule l'inconscient, s'oppose à la paresse éventuelle d'une langue menacée, permet d'entraîner son évolution. Vitalité, énergie. Elle s'insurge souvent, se mutine, proteste. Puisque les poètes, ces « inventeurs de formes », ces « aventuriers des mots », ces « contrebandiers des lignes de feu », ces « activistes de l'être au long cours », déjouent volontiers la folie humaine. « Toute beauté fait résistance. Aucun sujet n'est prescrit ni proscrit. » (Olivier Barbarant) La poésie est acte de témoignage, d'affirmation et de rupture dans l'espace social et politique. Elle se doit de rester attentive, de résister au convenu, d'atteindre ce qu'il y a de plus profond en nous. Elle est stratégie de résistance en soi.

> La poésie a un langage spécifique.
> Le poème fait apparaître une réalité qui n'existait pas avant lui. En outre, par son côté elliptique, il permet d'aller directement à ce qu'il lui faut saisir et transmettre. Je le vois comme un noyau dur.
>
> Charles Juliet

Éditée en partenariat avec le Printemps des Poètes, cette anthologie entend présenter un large panorama de l'actualité poétique. Les auteurs présents vivent parmi nous, avec leurs peines et leurs joies, leurs doutes, leurs inquiétudes, leurs colères. Ils parlent d'amour et de mort, mais aussi d'illusions et d'espoir. Ce rendez-vous annuel avec les lecteurs de poésie regroupe des textes d'une centaine d'auteurs venus de toute la francophonie. De Belgique, de France, du Luxembourg, du Québec ou de Suisse, bien sûr, mais aussi de Syrie, du Liban, du Maroc, de Guinée, du Tchad, de Djibouti, d'Haïti, du Chili, du Kurdistan ou de Roumanie. Ce guide poétique propose des textes presque tous inédits et écrits pour l'occasion. Fruit de la curiosité et d'une inévitable et nécessaire subjectivité, il offre un instantané poétique de notre temps. Il revisite les créations de poètes ayant marqué l'année par leurs publications ou leur activité (ateliers d'écriture, résidences d'écrivains, performances, fréquentation des revues, des réseaux sociaux, lectures publiques dans des festivals, des salons, des maisons de la poésie, des écoles, des librairies, des médiathèques, etc.). Si la poésie ne saurait être recluse dans les livres, une trentaine de pages de notes biographiques permettent de mieux connaître les auteurs et d'ouvrir des pistes menant à leurs œuvres.

dans la gare silencieuse
on range le siècle
et l'horizon du monde
que rattrapent les violences

Hélène Dorion

Une foule de revues et d'éditeurs indépendants (plus de 200 d'entre eux, parfois de magnifiques artisans du livre) sont chaque année présents au Marché de la Poésie à Paris, place Saint-Sulpice, pour rencontrer quelque 50 000 visiteurs et leur présenter leur fonds tout comme un millier de nouveautés. Tous résistants à leur façon, ils jouent un rôle prépondérant dans la vie du livre. Les « grandes » maisons d'édition publiant régulièrement de la poésie se limitent à une petite dizaine. De ces publications et de ces événements, il ressort une étonnante foison d'inspiration et de formes d'écriture, autant de la part d'auteurs confirmés que de voix émergentes. On pourra être étonné par l'imprévu, frappé par la charge explosive des mots malgré leur « incurable retard » (Alain Jouffroy), par nombre d'audaces, d'illuminations ou d'irrévérences. Ceci sans orientation partisane ni querelles de chapelles. Le livre réunit ainsi des auteurs issus de chaque génération (nés entre 1929 et 2001), sans oublier de rendre hommage aux amis décédés dans l'année. Une année particulièrement cruelle avec la disparition d'auteurs majeurs comme Guy Goffette, Charles Juliet, Annie Le Brun, Jacques Réda ou Jacques Roubaud.

Là
où nous pensions nous déplacer
d'un lieu à un autre
nous n'avons fait
que traverser le temps.

Cécile H. Holdban

Le genre poésie, depuis une dizaine d'années, a surpris par sa résurgence, avec un net regain d'intérêt de la part d'un public plutôt rajeuni et enthousiaste. Ses modes de diffusion se sont diversifiés. Si la carence des médias traditionnels reste navrante, l'information passe désormais avant tout par l'espace numérique (blogs, sites spécialisés...). Les réseaux sociaux ont affirmé la présence de la poésie. Les lectures-vidéo se sont imposées, réunissant éventuellement typographie, image et son dans une « écriture élargie ». Plus que jamais, revues et anthologies servent de points de repère à des lecteurs souvent désorientés face à une production abondante. Plusieurs collections de poche ont récemment vu le jour, notamment chez des éditeurs indépendants. L'effet pandémie a joué un rôle curieusement bénéfique, ainsi que l'action émancipatrice du Printemps des Poètes un peu partout en France. La poésie écrite par des femmes a pris une place prépondérante. Les rencontres se sont multipliées, nombre de libraires ont agrandi leurs rayons spécifiques, invitant souvent les auteurs à rencontrer le public. Quelques poètes, parfois jeunes, parviennent ainsi à vendre leurs livres à plusieurs milliers d'exemplaires.

> Les oiseaux de mer reviennent des confins
> les plumes tachetées de roséoles.
> Ne te fie à personne, crée tes anticorps.
>
> Jean-Pierre Otte

> Je viens vous annoncer qu'il reste
> Sept poissons dans la mer
> Dix-neuf euros pour la fin du mois
> Cent trois maisons en feu dans le paysage
>
> Pauline Picot

Les thématiques se cristallisent souvent sur les préoccupations de l'époque. À commencer par l'éco-anxiété (forêts en feu, terres inondées ou saignées à blanc), l'animalisme ou la défense du végétal, la cause féministe, le refus du fanatisme, l'exil, le coût de la vie, la fièvre des frontières, un état de guerre permanent. Impossible d'imaginer une nouvelle terre... Les poètes présents dans ces pages nous parlent tout autant de FaceID que de masques de titane, de la fonte du permafrost que de faux passeports, d'enfants à Gaza que de Koboltz résignés. Ils parlent d'idoles en plastoc, de révolution au Mozambique, d'une fille de Port-au-Prince, d'une épicière du quartier, de frottis vaginal ou de rayons X, de honte qui change de camp ou de *soul music*. Ils parlent aussi des mille expropriés de Doel, de géométrie projective, de consumérisme, de barbecue fin du monde ou de silos explosés à Beyrouth, de ténèbres qui dévorent le poème. Beaucoup parlent du père et de la mère. De migrants et d'émigrés. Ils veulent désinstaller la mort, sabrer le temps. Ils sont l'étranger qui frappe à la porte. Ils ont l'art de provoquer l'émotion. Ils nous font voyager d'un monastère italien jusqu'à Auschwitz en février 1943. Ils convoquent à la fois Goethe, saint François d'Assise, Evguénia Markon fusillée au bagne des îles Solovski, Willy Ronis dans les rues de Caen, Jean-Pierre Verheggen sur les bords de la Meuse. Ils évoquent aussi Frank Zappa, Roberto Bolaño, Marcello Mastroianni ou Alejandra Pizarnik... Ils nous mènent à Österlen au sud de la Suède, à Jasper en Alberta, voire dans une errance au Musée du Louvre. *Nous sommes tous des réfugiés de quelque chose, quelque part.*

> Mais je suis toujours sans papiers
> Mes camarades demandent :
> L'exil n'est-il pas un métier en tension ?
>
> Falmarès

La poésie s'affranchit, de moins en moins cantonnée au strict poème. La diversité des formes semble sans limite. On le sait depuis longtemps, la poésie n'est pas le simple art d'aller à la ligne. Les esthétiques sont parfois contradictoires. Le genre narratif, récit par poèmes ou roman-poème, par exemple, confirme son impact. La prose peut toujours être « sertie de poésie ». Rien de surprenant en fait. Remy de Gourmont l'affirmait dès 1892 : « Il n'y a qu'un seul genre en littérature : le poème. » La chanson (ici présente avec des poèmes d'Arthur H, CharlÉlie Couture, Marie Modiano, Arthur Teboul, Clara Ysé...), le slam et la poésie sonore jouent aussi leur rôle. Des romanciers rognent les frontières de genres (Cécile Coulon, Chloé Delaume, Laure Gauthier,

Caroline Lamarche, Jean-Pierre Otte, Thomas B. Reverdy, Jean Rouaud...).

> Je suis donc devenu moi-même un objet de musée
> Où je vois flâner ma famille humaine médusée
> Par ce que la machine laisse encore de vivant.
>
> Jacques Réda

La poésie est « substance de vie » (Edgar Morin). Elle se doit ainsi de tous nous concerner, nous captiver, d'être présente à tout moment pour nous surprendre, nous motiver, nous prodiguer goût ardent de vivre. Et peut-être même nous donner parfois confiance en l'avenir.

« L'esprit de résistance. Volcanique »
par Linda Maria Baros
Directrice du Printemps des Poètes

Qu'il soit langagier, t(r)opique, social ou politique, l'esprit de résistance est intrinsèquement volcanique. Il est prise de position, force en action. Une déferlante d'énergie qui combat, dans toutes les sphères, l'immobilisme, le culte du banal, la désolidarisation, les dérives multiformes qui menacent.

C'est pourquoi l'esprit de résistance est absolument volcanique. Comme toute montagne qui entre en ébullition, gronde et libère sa matière en fusion.

Cette matière est ici faite de particules imaginaires et langagières. Cela s'inscrit dans l'ordre du vers ; rappelons-le avec Lord Byron – « la poésie est la coulée de lave de l'imagination[1] ». Mais ces mots disent, incarnent, mûrissent une vision du monde, du nôtre.

C'est pourquoi l'esprit de résistance qui coule sa lave dans les circuits imprimés et les ports de connexion des mots est absolument puissance du vivant. Nous pourrions aller plus loin encore et dire qu'il en est l'une des conditions *sine qua non*.

Cent douze auteurs en apportent la preuve dans les pages de cette anthologie. Ils rappellent qu'on ne muselle pas les volcans.

Le Printemps des Poètes les salue, tout comme il salue Jean-Yves Reuzeau et les Éditions Seghers, les maîtres d'œuvre de cet

1. Lord Byron, lettre à Annabella Millbanke, 1813.

ample ouvrage. Et, comme, en 2025, son mot d'ordre est *volcanique*, il se reconnaît pleinement dans la dynamique de la résistance et dans ses éruptions poétiques.

Esprit de résistance

ADONIS

Lettre à Goethe

L'après-midi, j'ai éveillé ma nuit en ton nom, j'ai entendu :
La Grande Ourse dicte ses versets sur la circulation sanguine de la terre.
Et les cités – scellées par la cire des canons lisent leurs canons
Sur des humains de blessures et de pain qui errent
Interrogent les rues : D'où venons-nous ?
Où allons-nous ? Et voici
La lune de l'Orient qui entre dans son rituel.

Est-ce le temps, source de ma liberté ?
Je poursuivrai mon chemin.
Est-ce le temps qui s'écarte de l'Occident, qui donne ses cieux
À une autre lune ?

Je poursuivrai mon chemin.
Tout est métaphore
L'âme n'est que sperme à deux figures
Figure qui peint le temps avec l'encre de ses tentations,
Figure qui endosse l'espace.

C'est l'Occident derrière toi, et l'Orient n'est pas devant moi.
Deux rives pour un fleuve
Seul devenu plus qu'un abîme
Et plus qu'un rocher
Sisyphe n'en est que la voix qui crie :
Un Sindbad qui vagabonde dans la mer de son islam
Dans ses vagues, Gilgamesh et Ulysse sont morts.

Un seul corps qui se déchire membre après membre
Corps qui n'a de l'Orient que le nom.
Corps qui n'a de l'Occident que le nom.

Je ne me multiplie plus comme toi, dans une solitude dont je hume l'élixir et implore l'ombilic
Je suis devenu incapable de distinguer comme toi : Qui est Caïn ?
Qui est Abel ? Non,
Mes pas ne voient pas
Dans la forêt de l'univers ce qui flamboie en eux

Ce qui illumine leurs distances
Et régénère leurs dimensions.
Le commencement de l'Orient est-il l'Occident ?
La fin de l'Occident est-elle l'Orient ?

Ainsi ouvré-je les mots sur la blessure de cette existence, sur son horreur
Et je vois comment elle me détruit
Et je vois comment elle détruit les rivages de mon amour
Appâtant les voiles
Pour aller au bout des vagues en Occident et en Orient, au bout des ténèbres,
À ce qu'elle appelle mon moi
Et à ce qui confirme que je suis contre moi, avec lui.

Les mythes en Occident et en Orient blessés
Et je ne suis que du sang
Qui s'y égoutte.

Traduit de l'arabe par Aymen Hacen

MARC ALYN

L'ultime chambre

Maintes fois je me suis hasardé
sur les voies indicibles
de mon adolescence
en quête de l'ultime Chambre
celle où nul ne dormit
sinon d'anciens vivants
sans jouets ni bagages
se partageant le demi-jour :
quignon d'aurore boréale.

Pieds nus
sur les carreaux revêches
j'allais à l'aveuglette
vers ces déshérités
tombés de quelle planète ?

La porte ne s'ouvrait jamais.
J'écoutais frémissant
ces voix surgies d'ailleurs
qui chuchotaient mon nom
en d'étranges dialectes.

L'habitant clandestin

Ai-je vécu en ces lieux reculés
au plus haut d'immeubles
lourds comme sarcophages
au cœur de cités fastueuses
dont je fus l'habitant clandestin
sous le zinc corrodé des toitures ?

Combien de marches / de paliers
de couloirs anonymes
pour accéder à la cellule sévère
où j'apprenais à naître ?

Souvenirs funambules
qui hantez les corniches
et nidifiez à l'angle des chéneaux
griffés de solitude
entrez d'un pas furtif
dans l'édifice aux mille issues
de mes années de feu.

ARTHUR H

La chanson de l'amour

Effervescence, éblouissement, supra luminescence
Est-ce ainsi que perdure l'esprit de résistance ?
Terre, mère, poussière
Penche l'oreille vers la douce stance

Un lapin rose chie de la merde dorée
Rien ne dure que le soleil
J'avale les selles d'or
Ces délices aurifères du lapin rose
Et je m'étouffe et meurs de cette dure merde
Pour tous ce monde est cruel
Rien ne dure que le soleil

Effervescence, éblouissement, supra luminescence
Est-ce ainsi que perdure l'esprit de résistance ?
Terre, mère, poussière
Penche l'oreille vers la douce stance

Tel qu'Alice glissa aux merveilles
Je me traîne au labeur
Cueillir la rose dans la merde et la sueur
Puisqu'il faut bien transformer la terre en gazon
Et les rivières en glaçon
Pour tous ce monde est cruel
Rien ne dure que le soleil

Effervescence, éblouissement, supra luminescence
Est-ce ainsi que perdure l'esprit de résistance ?
Terre, mère, poussière
Penche l'oreille vers la douce stance

Puis, délicatement, j'inventerais la musique du futur
La murmurerais en grand mystère à ton oreille sexuelle
Et puisque la déesse Astarté elle-même m'a nommé Arthur
Ces sons seront gage de fécondes moissons dignes de Cybèle
Pour tous ce monde est cruel
Rien ne dure que le soleil

ANNA AYANOGLOU

Plan subjectif

Après-midi, jour clair.
Dans une large artère, une manifestation.

Tu es en fin de cortège.

À l'unisson, tu cries.
Les voix alliées résonnent en toi.

Pour te raccrocher à la masse,
tu dois, à intervalles réguliers,
presser le pas – et ces élans forcés
ouvrent des failles dans ta liesse

– mais peu importe :
tu es *part*, tu le sais,
et tu dois à cette certitude
de camoufler tout ce qui boîte

– KLOMP !!

/Écran noir/

Tu ne vois plus rien, n'entends plus rien.
Dans ta tête une douleur que tu voudrais vomir.

...

Tu es debout quand les sens te reviennent,
à l'endroit où le mal a frappé.

Tu te tâtes : tout est là.
La lumière du jour – inchangée.

Le cortège, seul, a disparu.

Tu tends l'oreille : pas un écho de sa clameur.

Tu commences à courir –
tu passes un croisement,
un deuxième : plus de cortège,
pas même un attroupement – juste toi,

ton souffle dans le silence.

Alors l'effroi :
il te faut t'affronter.

RITTA BADDOURA

La statue de l'émigré son baluchon sur le dos son tarbouche incongru son pas incertain par le bronze luisant retenu
Laisse-moi partir
Son front soucieux demande à août pourquoi m'as-tu épargné
Les autres ont enjambé l'horizon

La terre est là
L'émigrant lui tourne le dos
Visage vers le port qui chuinte sans relâche je dis la vérité
C'est de ta faute si
Silos explosés monnaie dévaluée maisons endeuillées citoyens estropiés mères sans corps à enterrer
Enfants sous-marins jamais ne resurgiront
On ne veut plus de toi va-t'en voir ta fiancée la statue de la liberté

✦

Ceux qui sont partis
Les jeunes et les vieux ne savent plus
Ils pianotent sur les touches et boivent les nouvelles des guerres qui coulent là-bas
Le parfum du café arabe les cimes enneigées dessus la mer les cascades de jasmin taguées de formules bénies qu'ils partagent autant de fois transféré transféré ne les aident pas si on leur demande
Ils se souviennent plus ou moins du quand mais oublient comment nous sommes arrivés jusqu'ici
En bateau par avion au volant d'une Mercedes
Ou est-ce la diseuse de bonne aventure à la fête foraine qui voit vrai
De l'autre côté du temps vit une géante
Elle a une grenade à la place du ventre

Son lait exprimé son fruit déchiqueté pépin après pépin enfant après enfant et de ses enfants les enfants
Elle crache patiemment à mille lieues de sa chair

✦

Les glaces fabriquées à l'aube à présent refroidissent
Adib a tenu sa parole : Cinq ampères de plus pour faire tourner le congélateur

Ayant grandi à l'ère glaciaire et ouvert ses yeux avant l'électricité
Elle sait l'importance de conserver les restes d'appétit à juste température

Ce soir les avions n'auront pas quitté le ciel
Et l'amour comme la mort se savourent à cœur froid

Les glaces artisanales nées à l'aube seront délicieuses dans cette nuit totale

✦

Avec des si et des pourquoi elle percute méthodiquement le présent
Ni mort ni résurrection et si
Et si enivrée par les deuils elle parvenait jusqu'à toi
Empoignait tes souvenirs et les scrute
Entre la fourchette et le couteau
Tu es tronc elle bûcheronne
Sa langue s'abat
Tu tiens bon

JULIEN BAER

Garde-robe

Soudain militant
Et pris dans l'air du temps
Tu choisis tes idées
Un peu comme des vêtements

Tu défends la nature
        (Une belle paire de chaussures)
Protèges les animaux
        (Des gants et un chapeau)
Soutiens la Palestine
        (Ce pull dans la vitrine)
Et la cause féminine
        (Une nouvelle paire de jeans)

Tu réponds
Ennuyé :
Il faut bien s'habiller

La notte

Cet homme au dos voûté
Que l'on voit souvent dans le quartier
Était Dino en Italie

À l'époque de René Coty
Entre Sorrente et Ravello
Il avait des restaurants
Des boîtes de nuit

Il garde quelques photos anciennes
De lui en compagnie
De Pier Angeli

Le temps a usé son visage
Il était beau comme une image

Le temps a fauché ses amis
Dino est entré dans la nuit
Son vrai nom est monsieur Rémi

ADELINE BALDACCHINO

Meina, matin

Il faut toujours un peu de temps
pour que s'installe
            s'instaure
            s'impose
la douceur :
ce mélange de jouissance
sans désespoir
(dénuée de fureur)
et de joie
sans naïveté
(ni confiance ni méfiance)

le simple désir de respirer
sans rendre des comptes
au destin.

✦

Son désir avait des ailes d'or
et, par conséquent
sentait bon la nuit

mais parfois, elle ne le reconnaissait plus
grisée par les aubes qui recommencent
tout ce qui lui semblait possible
et s'en allait fondre au soir
comme un glacier d'été
dans la vallée qui le réchauffe

chaque matin, quand tout pouvait
(encore)
advenir

elle écrivait.

✦

C'était toujours à l'heure
de faire des choses qu'on croyait
(qu'on lui disait être)
importantes
qu'elle commençait à écrire
ce qu'elle n'avait pas prévu
qui n'avait pas d'importance
et qui cependant,
si les mots avaient dû rester
bloqués
dans sa gorge

l'auraient à coup sûr étouffée.

✦

En un sens, se disait-elle,
voici donc l'essentiel, et cela
je le savais
je l'avais toujours su

l'essentiel n'a pas la couleur des morts
dans leur tombeau d'algues
ni celle de l'encre
sur les procès-verbaux

l'essentiel s'habille de rose et de bleu
comme un ciel qui exulte.

✦

Il y avait des rides comme des râles lumineux
à la surface du lac et pourtant
rien n'évoquait la vieillerie
les nœuds (borroméens)
se débouclaient dans sa poitrine
et se reformaient
sans rien abîmer.

Tout ce qui nous engloutit
le temps comme un ogre
ce qui nous mâchonne
ce qui nous rumine
ce qui nous digère
ce qui nous transforme
et ne nous recrache pas toujours

l'informe en nous
l'inabouti l'inapproprié
la masse glaireuse des erreurs
et de la mémoire
effilochée.

Tout cela, dissous dans la lumière pâle
et frissonnante
et qui se délitait
à mesure que l'extrême solitude du soleil
effaçait la trace des remords

la juste présence d'un corps
lui suffisait.

✦

J'ouvre ma fenêtre aux fantômes
et j'écoute leur souffle

la beauté ne sert
à rien d'autre
soyez-en certains.

✦

Ce matin je n'ai (presque) rien fait
mais tant de choses
se sont défaites en moi.

Palais Bedone, Meina, Lago Maggiore
(sous le signe de Rilke et de Juarroz)

à Meina, sur la rive Ouest du lac Majeur, un bataillon des SS Panzergrenadier Division – Liebstandarte SS Adolf Hitler (« LSSAH ») – « la division blindée des gardes du corps SS » assassina, dans la nuit du 22 au 23 septembre 1943, 16 Juifs Grecs réfugiés de Thessalonique. Parmi eux, la famille Diaz-Fernandez tout entière, le grand-père, son fils et sa femme, ainsi que leurs trois enfants, Jean, Robert et Blanchette, 12 ans seulement. Tués par balle dans la nuque, puis jetés dans le lac. Le lendemain, quelques corps remontèrent à la surface. Les Allemands les replacèrent dans des sacs remplis de pierres et les rejetèrent à l'eau. (En 1968, eut lieu le procès de cinq membres de la division SS, trois furent condamnés à la prison à vie et deux à trois ans, mais les condamnations furent annulées pour d'obscures histoires de prescriptions et les accusés rentrèrent finir tranquillement leur vie chez eux.)

OLIVIER BARBARANT

Résister à l'air du temps

Rien de plus grand peut-être que la RÉSISTANCE poétique. Elle a comme sa sœur d'électricité une puissance, une fulgurance qui lui permettent quelquefois d'ouvrir, dans le mur opaque de l'Histoire, des brèches de clarté.

Rien de plus dérisoire que sa caricature. Ni l'ordinaire découpe de quelques mots d'ordre aux ciseaux de vers approximatifs et proclamatoires (dits *libres* ou non), ni le catéchisme contestataire d'une époque n'ont jamais résisté à quoi que ce soit. On en a vu qui, pétitionnant de concert contre tel ou tel mal pensant, avaient l'impression de vivre leur guerre d'Espagne. Suivre l'air du temps, le front pur et la lèvre haute, en mimant l'héroïsme des vraies tragédies, en se pourléchant collectivement de se retrouver dans le camp du Bien, relève de l'onanisme collectif. Chacun y jouit piteusement de se reconnaître d'accord avec son public. Les contestataires professionnels ont leur cible. Or on n'écrit vraiment qu'en n'écrivant pour personne.

On écrit pour les absents. Pour les instants qu'il faut sauver, plonger dans l'ambre de la mémoire. Pour les corps aimés, toujours un peu disparus.

La résistance suppose la CONSISTANCE. Il s'agit de donner à la langue, prostituée chaque jour dans l'ordre du discours, la puissance libératrice d'une parole. Elle suppose une singularité de voix, de ton, de propos. Aujourd'hui plus que jamais, il s'agit de laver le linge sale du langage, pour qu'il puisse parfois, en de rares et précieux moments de justesse, à nouveau présenter quelque chose du monde.

À ce titre, toute beauté fait résistance. Aucun sujet n'est prescrit ni proscrit. Encore faut-il que, dans le poème, la langue de nouveau consiste : qu'elle ait une épaisseur, une fruition, une incarnation. À la langue d'inox de la technostructure, opposons une langue *vivante*. Quoi qu'elle dise, il lui suffit justement de *dire* pour débrouiller le brouillard des mensonges, des faux-semblants, du néant surpeuplé de nombres et de mots creux dans lequel nous baignons. Le reste ne dit rien. C'est à peine s'il évoque. Le plus souvent il recouvre, encombre, fait du tapage.

Consister suppose EXISTER. Vivre en n'étant pas tout à fait aveuli par l'ordre du discours, la société du spectacle et l'ère de la marchandisation généralisée, c'est résister. Puis trouver la parole pour réverbérer ces grappes d'instants, ces vues exactes, ces moments véritablement vécus.

Vivre avec attention : respirer, regarder, toucher, aimer. Aimer surtout. Toute vie pleinement perçue et justement dite, dans notre cloaque étourdi et assassin, constitue, pour la poésie, la véritable résistance.

Lavandière de la langue, occupé aussi à maintenir, je revendique une poésie de PERSISTANCE. Soucieuse de fondre dans l'or d'une langue la parole d'une vie. Ce serait déjà beaucoup si, au lieu de quelques cris vindicatifs et insignifiants, la chair des choses, celle des êtres, rappelaient dans les mots la présence d'un monde.

Le monde : ce crucifié dont la tendresse vigilante d'un vers arracherait les clous, rouvrirait les paumes.

Et je m'y frotterais. Comme jamais existant, consistant.

Résistant.

LINDA MARIA BAROS

Sept manières
de se faire arracher la peau du crâne

Bientôt, le matin descendra,
dramatique,
des montagnes.
Les chasseurs avancent lentement vers la forêt
dans la vallée qui se referme sur elle-même
comme une plaie,
comme s'ils poussaient de leurs ombres ;
les fusils tremblent dans leurs mains.
Ils arrivent, épars, à travers le pré,
des joueurs de golf, on dirait.
Ils tremblent – trahis par des gestes résiduels.
Et l'herbe bruit, métallique,
dans la nuit, tout comme résonne
l'asphalte sous la botte.

Leurs visages rongés par l'alcool, le tabac,
leurs cicatrices. Si on les pousse de côté,
en dessous grouillent des rats vigoureux.
Nos fusils, eux, tirent sur les rats.

Hier, ils ont attrapé ma sœur.
Et l'ont pendue par les cheveux.
Ils n'avaient pas de corde.
Tu t'en sortiras, m'a-t-elle dit. Ils ne fusillent pas
les enfants qui ont moins de quatorze ans.
Ce n'est pas légal.

Grand-père gît maintenant devant la mairie,
dans un caniveau.

Ils ont enfoncé deux clous à crochet
dans les deux petits trous
qu'il a dans la poitrine.
Parce qu'il n'a pas entendu parler de ceux
qui luttent dans les montagnes.
Parce qu'il n'a su ni où il s'était caché avec nous
pendant toutes ces années
ni combien nous étions.
Ici et ailleurs, dans les autres montagnes.
Pour rigoler, ils ont planté une cigarette Carpaţi
dans sa bouche terreuse.
Ma sœur gît
à côté de lui, ses jambes remuent encore.
Hier, elle n'a pas voulu le laisser seul
dans la vallée.

Et nous attendons tous que le matin arrive.
Comme un déferlement de sang.

Sumo

Chaque matin, un lutteur de sumo
m'apporte le café au lit. Et le petit déjeuner.

À neuf heures, le lutteur de sumo me prend dans ses bras
et me conduit à la maison d'édition.
Me dépose dans mon fauteuil
et se place devant la porte,
comme une porte plus grande
que toute autre porte.

Je lis, tranquille, deux ou trois heures. J'ai de la chance
si je trouve un bon vers dans un mauvais livre.
Dans les bons livres, je n'en trouve aucun.

À midi, le lutteur de sumo me conduit
au resto de l'autre côté de la rue.
Je mange, tranquille, et regarde par la fenêtre.
Divers individus passent la porte
de la maison d'édition.
Aucun lutteur de sumo ne les suit.

Puis je retourne, lentement, au bureau
et lis encore. J'écris des rapports formés
d'une seule phrase, longue et alambiquée : non.

Chaque vendredi, le patron m'appelle.
Mon lutteur de sumo me porte dans ses bras, en courant,
dans son bureau.
J'y trouve comme toujours six collègues
portés dans les bras par leurs lutteurs de sumo.
Le patron nous invite à prendre place
et à faire tourner divers papiers.

Parfois, nous le regardons,
son lutteur de sumo est le plus grand.
Nous nous taisons ainsi longtemps, une heure ou deux,
tandis que nos lutteurs de sumo
se bousculent, se griffent, se bouffent le nez.

À dix-sept heures, mon lutteur de sumo me prend
dans ses bras et me ramène à la maison.
À dix-neuf heures, je mange une pomme et bois du thé.
Il m'apporte un tas de livres. Éteint la télé
et confisque mes journaux.
À minuit, il me met au lit,
pour que demain je puisse lire de nouveau.
Mon lutteur de sumo s'appelle Rimbaud.

RIM BATTAL

Et je vois nos millions de faces luisantes
Derrière nos peurs et nos télévisions, nos faces contourées qui défient le FaceID, filtrées jusqu'à l'os,
Je vois nos haillons, je vois nos fanions, je vois nos sombres plis, nos sinuosités, nos tumeurs
Je vois nos tressaillements devant la vie, nos micro-expressions, nos contrariétés devant l'insoutenable légèreté de nos comptes en banque, nos grimaces devant la mort qui nous aspire, qui a besoin de nous pour exister,
Et je vois ta main douce qui nous gifle encore, pendant que nous embrassons tes bagues, les désirons comme nous sommes censés désirer la justice,

Et j'entends les smac de nos baisers, nos rires et nos croassements, les « bonjour ça va ? / ça va froidement ! », nos babillements phatiques pour nous rassurer sur nos à-peine-existences, nos médisances, nos commérages, j'entends notre fatigue, nos gémissements de plaisir ou de douleur, les rots de nos ventres saturés de malbouffe, j'entends nos soupirs et nos lassitudes, nos soupirs devant la carte bleue qui « ne passe pas. Je peux l'insérer ? », nos bassesses depuis le berceau, nos pleurs au-dessus des berceaux, j'entends
L'instant exact où nos masques de titane heurtent le sol,
Le craquement de chaque trahison,
Les racines de notre petitesse et ta main si douce qui glisse ses doigts de pianiste dans nos cheveux, nous maintient fermement la tête dans notre pisse

Et je sens les millions de liqueurs, de plats mijotés, je sens nos sueurs lointaines, le nectar de nos sexes et de nos béances, l'odeur des vestiaires, la chaleur sous les maillots, l'odeur des fesses dodues

sur le velours synthétique, la friture et la terre humide, je sens l'odeur métallique de l'eugénol et celle des premières pièces dans les mains de l'enfant qui a été sage, l'odeur du Net WC détartrant nos cuvettes, des cheveux chauffés à blanc avant le deuil ou la fête, la moquette qui exhale la bière répandue il y a longtemps,
Je sens l'odeur de latex du préservatif que je viens d'enlever avant de te prendre en bouche,
Et celle du train qui t'éloigne de moi depuis toujours, pendant que ta main glisse de mes cheveux et t'emmène loin,
Do not even wave bye-bye

Et je touche mon écran de mes doigts impatients de nous rencontrer, de nous retrouver, avides de toustes nous caresser, d'apaiser nos corps chauds survivants au pire, panser nos trous et célébrer nos balafres, adoucir les contours de nos bouches éternellement tendues vers le souvenir de seins dont on n'a jamais été sevré.es,
Et je touche ta main qui se refuse à moi, qui essuie le lait sur mes commissures gercées,
Et je goûte nos victoires comme je goûte nos défaites,
Et je goûte nos mouvements et je lèche nos muscles,
Et je suce tes doigts avec ma bouche, avec mon sexe,
Et je nous avale, je me farcis de nous tous les jours,
Je me fade nos doléances, je me coltine le poids de nous répliquer,
De nous maintenir à flot, Chagall au-dessus de la ville

Je me remplis de nous, je nous houspille, je nous questionne :
Que dit de nous ce saut en hauteur
Que dessine cet arc sur ce ciel filmé en 4K
De quel dieu nous rapproche ce nouveau record
Pourquoi la flamme n'a-t-elle jamais traversé la Méditerranée
Pour raccommoder nos corps

Quand tu nous l'accordes, la flamme, c'est pour brûler nos chairs
Remplir nos corps de mères de corps calcinés
Remplir nos bouches de mères de squelettes d'enfants
Remplir nos cœurs de femmes de souvenirs encore fumants de baises inutiles,

Remplir nos tiroirs d'humiliations d'amours à sens unique
Tu la tiens jalousement dans ta main, la flamme, tu t'assures que j'en resterai indigne, couchée sur un lit de cendres et dans le stupre,

Et nous espérons que la pluie nous rassemble
Et nous espérons que la course nous répare
Et nous espérons que la boxe nous apaise
Et nous espérons que la langue nous relie
Et nous espérons que l'escrime nous raccommode
Que le foot nous fasse nous aimer enfin
Que la nage nous lave de nos crimes, nous réconcilie avec nos reflets
Et nous espérons que l'amour nous fasse renaître
Et nous espérons l'absolution à coups de médailles et de cérémonies
Éblouis par la désolante nudité de nos âmes, aveuglés par ce que nos créations disent de nous : nous sommes aux dieux ce que l'intelligence artificielle est pour nous

Et je plains les dieux qui nous subissent
Miroirs grossissants de leurs défauts, de leurs verbiages et leurs approximations
Et je plains les plaines et les oiseaux,
Et je plains les corps que nous dépouillons
Et je plains leurs poumons que nous remplissons de fumée, que nous remplissons d'eau de mer sur leur chemin pour rencontrer les orques
Et je plains les orques assourdies par le bruit des moteurs, les orques affamées par notre gloutonnerie
Et je plains les marins et je plains les pêcheurs qui ne mangent pas à leur faim
Et je plains les terres dans lesquelles nous plongeons nos mains avides
Vidons de toute vie

Et quand nous sommes pleins, nous voulons encore
Et quand nous sommes faibles nous piétinons
Et quand nous sommes tristes nous rompons tous les pactes
Et même loin tu cultives nos égoïsmes, arroses nos ressentiments,

Tu t'assures que nous nous boufferons éternellement le nez, agenouillé.es sous ta main, dans un lit de cendres et dans le stupre,

Mais nous attendons ton retour
Comme Clytemnestre attend
Le retour de son époux

TAHAR BEN JELLOUN

Résiste !

Toute poésie est résistance et liberté
Non négociable
Seul le vent est capable de la pousser vers le rivage
Là où l'homme ne peut être que debout
Chêne plusieurs fois centenaire
Là où, le soir venu, les moineaux remercient la forêt
Et le poème verse dans les veines de l'amitié
Cet esprit de résistance
Dont nous avons tant besoin

Le temps, avide de liberté
Tisse en nous les fils de la dignité
Mais l'humanité est ainsi faite
Espère la guerre et le chaos
La déchirure et le feu
Le champ de bataille est un salon
Aux allures de victoire et de martyr
Résister, oui, contre les territoires de la haine
Contre le bruit des missiles et des avions qui
Crachent des bombes faites pour tuer plus tard

On les appelle des bombes sous-munitions

Dur métier que de résister tout le temps
De rester ferme sur ses positions

L'esprit de résistance est une conscience inquiète
Force et volonté d'affirmer ce qu'il y a de meilleur en nous
C'est un fleuve qui nous invite à le suivre
Jusqu'à la source
Jusqu'à la racine de la vérité

Résister, être vivant au présent
C'est l'unique façon d'être au monde
Un être qui n'est jamais satisfait
Combattant la moisissure du monde
Luttant contre la rapacité de l'homme
Contre sa violence prête à exercer la force
À faire de la brutalité son langage sec

Résister, la joie au bout de la nuit
Le bonheur des enfants qui crient à la sortie de l'école
Le ciel limpide et les nuages bienveillants
Et le poème illumine le chemin
Le souffle ne manquera pas
Puisque le corps est appelé à suivre la volonté de l'Esprit.

Tanger 15 août 2024

Gaza

Dans le fracas des corps
Qui tombent
Ceux des enfants
Font
Moins de bruit.

Paris 25 octobre 2023

VÉRONIQUE BERGEN

Evguénia Markon. La vitesse de la révolution

Evguénia   nonante-trois ans après ta mort   je t'écris
à deux mille cinq cents kilomètres des îles Solovki
ce laboratoire du Goulag   au milieu de la mer Blanche
précurseur des femen   au bagne   tu te fais tatouer
sur les seins   « mort aux tchékistes »
depuis l'enfance   tu sens les crocs de l'antisémitisme
l'anti-musique des pogroms   tu flingues le pouvoir
ta peau bourgeoise   tu entends l'arracher   la donner aux fauves
la pauvreté athée   un sacerdoce   une Terre promise
avec les événements qui secouent la Russie de 1917
tu as en commun la vitesse
celle qui embrase des villes et des campagnes
sous le joug   les dés d'acier des Romanov depuis 1613
comment faire tomber en une saison
une autocratie vieille de quatre siècles ?
Octobre 1917   tu portes tes dix-sept ans comme un orage
le corps   avide de plonger   dans le volcan de la révolution

Génia   une confidence rose   alors que je sirote une grenadine
si je m'empare de ton enfance   c'est afin de débroussailler la mienne
si je m'enfonce dans le ventre de la Révolution russe
c'est dans l'espoir de retourner dans celui de ma mère
tu n'es pas un miroir   mais une rafale de verbes
une étoile russe   chargée d'éclairer mon ciel natal
un bijou slave pour polir mes plaies

tes nuits et tes jours   un pacte d'amour avec les délinquants
les clochards   les désencagés   sans licou ni muselière
farouchement athée   tu as sectionné la barbe de Dieu   son mirage
déterminée à libérer Alexandre Iaroslavski

incarcéré dans un camp des îles Solovki
ton esprit est à l'image des centaines de ponts sur la Neva
sur tes lèvres d'insurgée   des flocons de neige qui parlent yiddish
des couples virevoltent sur le fleuve gelé
la Révolution patine   s'abîme dans la terreur   Comment la sauver ?

ce à quoi je m'escrime   fleuret moucheté   est stérile
exercice de bigamie infantile   métaphysique de la chair zodiacale
aberrant mon désir météore   mettre en regard
la jeunesse de la Révolution russe   d'un peuple qui se lève   et mon enfance
Evguénia   je te réquisitionne pour mon roman des origines
tu n'es rien de plus qu'une lanterne   une chrysalide anarchiste
chargée d'éclairer mon passé si présent   mon maintenant à tête de chat
cuirassé Potemkine   février   octobre 1917
j'en fais des mottes de beurre   pour lubrifier le corps familial
lustrer les cordes vocales de ma mère   et langer le bébé Saphir
porter le nom d'une pierre précieuse   m'aurait valu ta condamnation
tu aurais gerbé sur mon bleu de duchesse   giflé mes nuances violettes

la bouche ouverte aux étoiles   tes crachats sur le cadavre de la Loi
le vol te procure une jouissance cyrillique
tu songes à créer une internationale des malfrats   des catins rouges
depuis ta fosse commune   captes-tu la néo-Tchéka mondiale
des algorithmes   le contrôle des humains   des animaux
des plantes   des océans ?
vois-tu un des visages de mort   celui du transhumanisme
auquel le biocosmisme d'Alexandre a donné naissance ?
tes lèvres de louve sauvage sucent-elles les mamelles de la nuit ?
de toi   Evguénia   il reste les rires de la flamme que tu nous tends
ta fibre révolutionnaire   qui réchauffe le corps froid du XXIe siècle.

ZÉNO BIANU

Cela

pour les princes de la mélancolie
un cœur éclate
au centre du monde

poupée mystique
par quoi tournent
les êtres et les choses

tête d'épingle dorée
chuchotant
pour cent millions d'ardeurs

chuchotant
jusqu'au trou noir
de notre Voie lactée

rougeur
ravage
dans le cœur du jazz

ravage virage et Caravage
Orphée
en cœur d'orage

entre la naissance
et la mort
nous oublions les taches de ciel

là où la vie donne
sa langue au chat
nous avançons

au plus turbulent du cœur
nous traversons
toutes les nuits du monde

nous aimons
jusqu'à
l'épuisement

lumière de fin d'été
éclair de mélancolie
le souvenir me prend

l'homme-de-poésie
ouvre les yeux
tel un chasseur d'infini

jusqu'à cette étreinte
douce et
furieuse

bleu bianu
être enfin là
pour enlacer la vie

l'instant révélateur
le vif du clic
mosaïque

je suis vivant-vivante
je me laisse
traverser

je dis oui
à chaque
seconde

j'écris pour boire
à cette
larme de roi

là
une goutte d'ange
déposée sur l'inconsolable

tombeaux des afflictions
émeutes lumineuses
poussières de sommeil

rien à sauver
et nos os
blanchissent encore

au fond de mon âme
dieu s'accable
soul music

crampes de lumière noire
tu les connais bien
ces émeutes lumineuses

on les appelle Surenchantées
c'est la saison des morts
le lamento de la nymphe

là-bas vers les hauts temps
aux fracas blancs
de la raison ardente

in the name of love
we start
this vibration

virtuoses
déchirés
pièges à somnambules

iris de solitude
grammairiens
du cœur

les morts
chantent
en bleu

que tous ceux
qui nous irriguent
s'incarnent à leur tour

les mythes sont nos gardiens
je
t'aime

dans le ressac
de ta sève
je t'aime

lents ballets
des
gouffres

entre *l'Aurore* de Murnau
et *la Nuit*
du chasseur

j'ai dû perdre la mort en route
je donne le tempo
je ne meurs jamais vraiment

un sang noir
a coulé
longtemps

cela
ne se joue plus
du bout des lèvres

ARTHUR BILLEREY

Triste glacier

« Enfants du siècle, tous les paysages sont troués
de notre absence souveraine. »

Annie Le Brun

et je sens soudain que je suis là
inconstant périlleux contemporain

ce besoin violent de sillonner la terre
n'est pas le mien je me sens poreux

on dirait que je recule par mégarde
que je recule bêtement pour rien

la nuit j'ai des douleurs aux reins
parce que l'hiver dernier a été sec

maintenant que l'été saigne à blanc
il est impossible de faire semblant

de faire croire autour de moi
que je vais bien que je vais droit

comme si tout irait mieux demain
avec de la neige à chaque strate

comme si tout irait mieux demain
pendant que les hommes rimaillent

balancements des hamacs en feu
où vous vous la coulez douce

pendant que deux trois chercheurs
mesurent l'écart de mes rimayes

balancements des roches tendres
où je m'écroule sur moi-même

pendant que des râles primitifs
s'échappent de mes sous-sols

mes failles mes rides mes crevasses
ne sont plus du tout marginales

mes folies mes raids mes crimes
sont des catastrophes naturelles

hier encore sans faire exprès
j'ai inondé plusieurs forêts

les sapins la tête en bas étaient
tous claqués comme de la craie

une fois la fonte du permafrost
que deviendront mes frasques

une fois la fonte du permanent
que deviendront vos fresques

une fois fondu dessalé torrent
hors de la glace point de salut

j'aimerais durer encore longtemps
pour voir de quoi demain sera fait

au lieu d'entendre les séraphins
chanter déjà ma mort en latin

d'ailleurs les glaciers vont-ils
après évaporation au paradis

j'aimerais durer encore longtemps
pour voir de quoi demain sera fait

résister non pas par la raison
mais résister par les sens

toucher goûter écouter sentir
pourquoi l'endurance m'a quitté

même par temps de froidure
ma langue est devenue instable

une couverture sur les épaules
garde au frais mes vieux séracs

pourtant je coule je coule je coule
fuyant ma propre inclinaison

ma vie est comme volée
dans ce cruel tiraillement

je me faufile entre les vallées
les maisons les routes les gens

et je sens soudain que je suis là
mais qui m'attend vraiment

ALEXANDRE BONNET-TERRILE

Poème où je me permets de vous tutoyer

La nuit, le vent, la pluie sur l'eau, les montagnes de vagues
 frappées
par les éclairs, alors dans les ventres de l'onde les bêtes,
 poissons très gros,
leurs formes nageant calmes, révélées, moins d'un instant,
par le fouet de lumière. Terrible et sauvage fête,
on aimerait ne pas y être, mais tu es en plein dedans, assourdi
par le bruit sans arrêt géant
de la tempête. Ce n'est pas la mer autour de toi, non, tu le sens,
c'est plus froid, plus profond, plus grand, alors tu penses :
 « Pauvre de moi,
c'est l'océan », mais ce n'est pas non plus cela, c'est autre
 chose, nulle part, tu es là,
ce n'est pas important et rien ne t'en sortira. Maintenant,

une île apparaît devant toi, toujours moins transparente
 lentement,
et les vagues l'épargnent, la contournent, pour le moment,
une langue de sable jaune abeille, lumineuse comme au soleil,
 presque vide petit désert,
seulement trois arbres verts,
entre quoi des silhouettes, une douzaine, qui se promènent
 comme on erre :
ce sont tes êtres chers ; mais quelque magie acide
les a modifiés, parfois rongés : là,
c'est maman sans oreilles, sans un bras, sans nez,
et cet homme pourrait presque être ton père,
mais il faudrait qu'il soit moins grand
et qu'il ne marche pas en regardant en l'air – papa marchait
 toujours en regardant ses pieds.

Une odeur te parvient aux narines,
c'est la même
qu'un ami
transpirait, ça provient
de ce garçon qui
lui ressemble, mais n'est pas lui,
ou peut-être que si ? Non, non : les sourcils. Puis l'île disparaît,
c'est la mort :
les arbres et le sable se colorent
du très clair bleu
de la glace
ou des yeux, les silhouettes cessent
de marcher – ou plutôt se figent dans leur marche, pétrifiées –
une vague s'abat
sur l'île et la casse
en deux, d'autres vagues enlacent
les débris et c'est vite que l'eau noire a tout mangé. Tu souris
de plaisir, tu es honoré, tu as pu la contempler, la voir
en entier, en face, dans l'exacte splendeur de sa durée : c'était
réalité. Puis,
tu n'as plus de forces, et doucement joyeux, à peine triste,
tu laisses une vague te broyer.

Ciel devant moi comme un visage

Ciel devant moi comme un visage
bleu-gris de jour sur une tête
illimitée d'univers noir
Ciel tu commences à pleuvoir
et je suis allongé par terre
Mes yeux sont deux cailloux de verre
Ma tête a quelques idées rares
parmi du noir plus noir que terre
Je n'en peux plus de vivre et voir
Ciel tu commences à pleuvoir
Couloirs en pluie vers l'univers
Ciel comme chaque jour tu pleus
J'entends battre contre mes yeux
de verre tes gouttes d'eau bleue
Je voudrais qu'il pleuve à l'envers
Ciel je voudrais je veux je veux
pleuvoir enfin sur ta peau bleue
la traverser et voir et voir
et voir enfin l'intérieur noir
de ta grand'tête d'univers
Le voir pour ne rien voir me taire
Ciel tu commences à pleuvoir
Couloirs en pluie vers l'univers
voici le verre de mes yeux
voici ma vie prenez-la toute
conduisez-la goutte après goutte
dans la tête noire à peau bleue

ALAIN BORER

Tapas

Avenir ! Rends-moi ma semence !

Géo Libbrecht, *Livres cachés,* 1969

À C. D.

Pour commencer
vis tête-bêche
bien enfoui
comme en naissant

Frappe la terre du poing
puis relève les yeux
au ciel éparpillé

Balaie les flots !
Bêche la mer !
Sillonne le ciel !
Creuse-le !
Sème-le !
Fous la terre !

Ta peur de l'heure ?
– Souffle dessus :
ton chant de l'heure

Détache le lit de ses amarres
comme on quitte la vie
d'un bref coup de talon sur la rive

Jette une pierre
descends
l'escalier
des ronds dans l'eau

Descends à la mer
par les haies qui s'échelonnent
jusqu'à l'horizon
qu'efface une éponge

Les jours se suivent :
remonte-les
jusqu'au Jour-Locomotive
entrave le Conducteur
arrête le convoi
en rase campagne

Retire le col de peupliers
jette ta manche de collines bleues
l'autre manche de rivière
enlève la culotte des prairies
les nuages en tricot de peau
retire tout
allonge-toi

Marche à poings fermés
tant que roule
l'âpre roche de la nuit

Sur un chemin de corniche
refuse de quitter le brouillard
afin d'écrire plus haut ton nom

Implore la dormeuse
vineuse
au décours de la nuit

Fais rentrer le cidre dans les pommes
remonter les flocons de neige
marcher arrière les défilés
rembobine le temps jusqu'au cri de ton père

Bâche les villes
demande pardon
à l'avenir
d'avoir été

Meurs debout
sur-le-champ
tire argument
d'être mortel

YVES BOUDIER

Résister à...

Devine, si tu peux, et choisis, si tu l'oses.

Pierre Corneille

Le poème à son arcane
L'élégie à son empire
Le vers à son loisir

La lumière à son ombre
La pensée à sa vacance
La parole à sa vanité

L'enfant à son passé
La voix à son silence
La ville à son désert

La course à son errance
Le livre à son manque
L'image à son mirage

Le mythe à sa fable
Le corps à sa mort
L'amour à sa folie

La corde à son nœud
La tombe à sa terre
La forêt à son feu

Le cœur à sa froideur
La nature à son réel
L'œil à son cerne

Le chant à son soupir
Le drap à son linceul
Le lit à sa solitude

Le sexe à son absolu
La joie à sa larme
L'âge à sa borne

Le savoir à son oubli
L'aveu à son déni
Le cri à son babil

Le secret à sa trahison
La mesure à son excès
Le fleuve à sa crue

La question à son énigme
La matière à son spectre
Le sujet à son maître

Le pardon à son talion
Le temps à son néant
Le sang à sa pâleur

Le pacte à sa querelle
La passion à sa haine
La main à sa griffe

La révolte à sa revanche
L'esprit à son emprise
La mer à son abysse

Le nuage à son orage
Le vent à sa pluie
Le ciel à sa nuit

SARA BOURRE

Au matin, ton rire

Un jour on se retourne
le feu a pris la mer
– il ne reviendra pas –
les roses ont du chagrin
– elles sont devenues folles –
le ciel se fend la gueule
nos peaux claquent des dents
les enfants ont des yeux
qui vous tranchent la gorge
plus rien ne tient ensemble

tu as l'âge pour ne pas te retourner
et pourtant
tu penches à l'envers de la route
le regard fixe sur le jour qui défile

tu claques ta langue sur ton palais
tu t'imagines reine des sous-bois
autour de ton cou rugit un triangle de feu
tu t'offres tout entière
à la géométrie du ciel

la poussière a des genoux
et des bras en forme d'oiseaux
tu peux écrire avec les dents
sur les pierres
des mots fluorescents
à l'approche de la nuit

tu peins tes yeux en rouge

comme un défi à la lune
un outrage à l'enfance
tu écartes tes jambes
tu ne crains pas les dieux
ni le regard affamé des étoiles

tu danses
et tu accroches ta peau
au portemanteau du ciel
tu la regardes pendre
comme un manteau usé
par des milliers d'hivers
par des milliers de corps
et soudain cette peau
se déchire
et quelque chose en toi
se recoud

le ciel s'accroche à ton sein
le lait se mêle au sang
tu n'as plus de mère
tu n'as plus de père
tu inventes des chiens et des poèmes
pour te tenir droite sur la nuit

parfois tu joues à être morte
sous le regard incrédule des oiseaux
tu tentes l'amour
la viande
les nuages roses du crépuscule
tu tentes le vide
les sommeils de plomb

et au matin
ton rire
est définitif

NICOLE BROSSARD

Lavis 3, 2024

le présent, juillet et le feuillage obscur
la végétation frôle déjà nos vertèbres
absorbe la nuit
inassouvie, l'éternité

le rêve. À l'origine, je suis contemporaine
d'une promesse ancienne
de contrer la mort
dans l'entrelacs des présents augmentés

j'ai déjà parlé du feuillage
et de la résistance
aux ombres du poème

les yeux aimantés par les galaxies
j'ai un sentiment d'immunité
entre les mots
leurs longs fragments d'accélération

l'ampleur du vide et nos descriptions

c'est là exactement là que tu ne dois
pas être conforme

équation de sel et de lime
pronoms crus sous la langue

oui le poème change

on ne sait trop vers quoi il se tourne
l'abondance, l'endurance, l'émotion
ou seulement

qq extases d'aube

désinstaller la mort
sabrer le temps

TOM BURON

Monnaie de singe et faux passeport

L'intermédiaire se poursuit et je
reconnais son esquisse et je
le renoncement clapotant et les tangages et je
m'en vais me remplacer du sang le plus froid et je
naumachise cette grande récréation et je
forme un confin nomade dans cette heure et je
freine le jour à l'atour me déshérite sur la scène et je
me rapatrie pour n'en pas revenir et je
m'arrime et versifie le contraire du voyage et la
très vieille sarabande baroque
alors s'incline pour s'écouter disparaître

L'allumette est craquée ;
ostensiblement, crâne es-
carpé que ce rompre de
traque au double et à l'in-
telligence, que ce venir de
résurrection et d'impercep-
-tible décalage, l'allumette est
craquée, le phosphore rouge
a fait son office de nous ju-
-ger, allons-nous-en, dissipons
et passons, d'un hôtel, encore
un autre, les mémoires qui su-
-intent des murs, à l'aube douce-
ment des signes,

alphabet – monnaie de singe

Le seul maître à bord de nos défaites et je
veux entrer dans un bar écouter un inconnu
parler de ses amours perdus et je
battrai les cartes sur les consonnes et je
questionnerai la lampe sur le culte du cargo et je
me ferai consul pour la première à entrer et je
serai inflexible et indéchiffrable puis je
dégât prière dérive faubourg et rivière à la fois je
trahirai mes tropismes et par trois fois fomenterai
un abrupt sans pareil aux constances de baignade
à la solde de l'enfance et peut-être un peu du silence

alphabet – monnaie de singe

La racine de l'investigation
survit à l'intervention, l'in-
-trigue, scabreuse et terroriste,
demain la limite mal relue et la
liberté résiduelle je m'en prends
certes au subterfuge à la recher-
-che, à la poursuite d'une enquête
tandis que le tueur dévore le cœur
frit avec des haricots tarbais copie
la performance du croque-mitaine
et la mangouste tourne autour du
reptile le moineau se cogne contre
la vitre et retombe enfin remis sur
ses pattes, contemple le ciel, des
heures durant, le bec ouvert saisi de
spasmes et les pactes calomniés tour-
niquent dans un firmament menson-
-ger et l'affabulation des alphabets de
nouveau en ce temps démasquée

alphabet – monnaie de singe

Invention verbale rien de vivace et je
dévie la sclère sur la contemplation précédente et je
cordial et humeur et adolescent nécessaire et je
veux que tu me donnes ton nom encore une fois et je
découpe des parties d'une langue désapprise et je
reviens à ton nom et à ce qu'il dit de ton ventre et je
psalmodie et réduis et augmente et chute encore et je
te prie de m'excuser l'intermédiaire se poursuit et je
plante des croix dans tant d'endroits défaits et je
partage ton angoisse sans minimiser la part de je
et de rage et c'est que le naufrage m'arrange et les
poings serrés des saisons encore elles changent et les
impressions gracieuses et les chocs s'épuisent et les
broderies nous mentent pour nous donner congé et les
longitudes nous hantent jusque dans nos mâchoires et les
paroles se terrent et font
des versions délicieuses de nos immobilités

alphabet – monnaie de singe
alphabet – monnaie de singe

GÉRARD CARTIER

Passage du Nord-Est

Une épure – sous de grands ciels de buande
Tallinn – des églises sans morgue – le chien
de saint Dominique a porté dans le nord
sa torche – & d'étroites fenêtres – que chacun
s'enferme en soi – mais me fait – même ici
la langue italienne – une patrie –

✦

Rõuge – aux étangs glauques – autant de ciels
& des cimetières qui vaguent sous les arbres
où les vivants ont des bancs pour jouir
du présent – & de la mémoire – don
aux êtres séparés –

✦

Sigulda – 2 vieux tilleuls sur une tombe – celle
de Maija la *rose de Turaida* – aimée des nobles
elle aime un jardinier – un paladin de Pologne
contrefait la graphie de l'amant – rendez-vous
où est leur joie   une grotte sombre – *o laissez*
          moi – vous saurez le secret de mon voile
contre quoi l'épée ne peut rien – le brutal
essaya – & Maija s'enfuit pure – dans la mort

✦

Šiauliai – un tertre hérissé – totems ex-voto
croix par milliers – où des sentiers serpentent

Golgotha d'un vierge paradis – & sanglante
la lune – comme une orange –

✦

Dans l'enclave des K.
expédition estivale   jeté
au milieu des années 30
l'espace pour tous & la lumière
longue errance dans les pas de K.
puis descendre la Leninsk
ii Prospekt incessant vakarme
précipité au siècle aux dépens
du grand Lénine

✦

Le silence (bis)   monastère italien
          rompu seulement par le *memento*
mori   puis le fort IX   ici
aux milliers de fantômes   mourir à soi
          recueillement   avant la vieille ville
où arraché aux siècles   louer l'instant

✦

Procession vers l'ancien musée de l'athéisme
pèlerins polonais à genoux dans la rue
sous une vierge noire en habits d'argent
des églises partout repeintes de frais
en gâteaux bavarois   & moi aussi je loue
          ce qui n'existe pas   *dulcedo et spes*
dernier jour   déjà loin de Vilnius

PATRICIA CASTEX MENIER

Lettres à mon corps

Qui dirige l'orchestre ? Ça pince ici, mon corps, vibre là, résonne à gauche, claque à droite, frissonne au premier rang, tinte au dernier, attaque en bas, tambourine en haut, frotte sur les côtés. Qui dirige ? Personne. Ton ensemble se débrouille tout seul. Qui signe la partition ? Bribes et traces de gamme, solo de ton cœur, duo de tes poumons, silences et suspensions décrochés de la portée, staccato ou dolce de tes douleurs, allegro de tes émois, blanches et noires de tes rythmes, clés changeantes de tes âges, tonalités modulées de tes clairs-obscurs, soupirs que l'heure de ta disparition effacera. Qui signe, qui dirige ? Personne, mon corps, sinon l'anonyme persévérance du vivant.

✦

Comme tout un chacun tu n'y échappes pas, alors autant en faire un jeu : quelques bilans, un parcours médical qui t'affiche, mon corps, en pièces de puzzle. Montagnes russes de l'électrocardiogramme ; défilement de chiffres, comme sur une machine à sous, du tensiomètre ; comptes rendus d'analyses sanguines, avec ses mots insolites, en y, h ou z, pour briller au scrabble ; et cette chance à l'envers, quand rien n'apparaît sur le gratter-gagner du frottis vaginal. L'imagerie, surtout, te divise en morceaux : IRM, on met en fiche tes vertèbres, C2, C4, et ton début d'arthrose joue à la bataille navale ; rayons X, un-deux-trois-soleil, cache-cache dans tes bronches, heureusement sans l'ombre d'un bourgeon, et parcours de marelle, heureusement sans caillou à enjamber, dans les deux cases de tes seins. La partie durera le temps qu'elle voudra ; pour peu de choses, un sinus encombré ou un abcès à la gencive, tu connais maintenant ta propre tête de morte, radiographie plus souriante qu'au scanner, qui couperait en deux le fruit de ton crâne.

✦

Vient-il du temps, vient-il de l'espace ? Mouvement de balancier, dont le mécanisme se refuse à ta compréhension. Les jours de grand large, tu respires, tu t'élances, tu coïncides. Les jours de retrait, tu rétrécis, tu t'assèches, tu t'aigris. Les jours confiants, tu te dilates : ta plénitude, mon corps, d'éléphante heureuse, trompe à gauche puis à droite, oreilles en avant puis en arrière. Les jours amers, tu te ratatines : ta crispation, mon corps, de coléoptère figé sur place, accroché à l'oscillation d'une tige, son énervement d'élytres surchauffés. De jour en jour, de la veille au lendemain, de jours racornis en jours d'ampleur, tu suis l'écho de ton cœur : notes avares, une horloge étriquée de salon, ou notes en cascade, une volée de carillon ouvert à tous les alléluias du monde.

✦

Et ton ombre ? Ne l'oublie pas, elle qui au moins s'impose si peu, ne te demande rien, ne te retire rien. Elle se contente de se conformer entièrement à toi, c'est sa seule raison d'être. Elle te suit, absolument docile. Ton chien, comme dit la chanson. Ne sois pas injuste avec elle, mon corps, ne l'oublie pas, ton ombre. Il lui arrive, sa seule indépendance, d'être plus grande que toi, ou plus petite, plus droite ou plus oblique, plus étirée ou plus tassée. En tout cas toujours moins épaisse, et bien plus souple. Quand elle disparaît, c'est qu'elle est entrée en toi, complètement. Un ectoplasme, l'ectoplasme de tes formes ? Ne l'oublie pas, cette éternelle fidèle : parmi les ombres définitives il n'y aura plus qu'elle, devenue pour toujours l'ombre de ton ombre.

SYLVESTRE CLANCIER

Les Clancier(s)

Sur les Clancier(s), faiseurs de clanches, serruriers
je ne sais rien ou presque rien.
Sur les Clancier(s), mes ancêtres lointains,
je sais ce que m'ont livré les registres de l'état civil
les us et les coutumes de leur vie campagnarde
depuis des siècles de labeurs obscurs en Limousin,
les quelques souvenirs en fait assez volatils
rapportés par mon père, son propre père et des voisins.

De leur ardeur, leur énergie, leurs fantaisies, leurs rêveries,
de leurs bonheurs et leurs malheurs, de leurs espoirs et de leurs peurs,
ma chair, mon esprit, mon âme obscurément gardent la marque.
J'aimerais dans quelques écrits en faire la généalogie,
en quatrains limousins pouvoir en laisser la trace.

Pauvres mangeurs de châtaignes, ont-ils été réduits
à ce que La Fontaine en a dit ?
Ont-ils ri, place du Présidial, en écoutant Molière
railler Monsieur de Pourceaugnac ?

Qui fut le premier d'entre eux à savoir lire et écrire ?
Est-ce Emmanuel, mon arrière-grand-père, le savetier,
le marchand de bois, le revendeur de champignons
établi sous la tour de Châlus Chabrol ?
Est-ce son père, Jean, laboureur au Château d'en haut ?

Jamais je ne le saurai, mais qu'importe !
Le temps, lui, n'oubliera pas
qu'ils ont été ce peuple fier et courageux,
ces ombrageux du Limousin que trop souvent les guerres ont tués.

Qu'ils eurent pour destinée de toujours résister
à l'occupant romain, sarrasin ou allemand,
d'être pendus, brûlés ou fusillés.
Qu'ils ont libéré leur ville sans que le sang ne soit versé.

Libération : Ici Radio Limoges !
Liberté, égalité, fraternité !
En ce temps-là, la parole était vive,
on retroussait les manches, les mots avaient du sens !

WILLIAM CLIFF

Saint François d'Assise

En dialecte de l'Ombrie il a écrit
pour chanter la vie qu'il voyait tapie dans l'ombre,
avec sa main trouée par un clou il a pris
la plume pour célébrer la beauté du monde :

« Frère Soleil, ma sœur la Lune » disait-il
pour encenser leur présence sans nulle honte
« Ma sœur la Mort » continuait-il dans son babil
pour louanger sa fin dans la fosse profonde

quand on l'étendrait livide sur un brancard
arrosé par les pleurs de ses frères de bure
qui le conduisait pourrir au fond d'un trou noir
dont on fait aujourd'hui le tour à lente allure

cependant que « silenzio ! » nous crie un frère
afin de nous enjoindre ici qu'il faut nous taire.

La brouette

Nous ne sommes pas dans la Sibérie lointaine
où l'on emmenait les prisonniers travailler
mais dans notre Belgique grise, morne plaine
où la bruine glacée tombe du ciel brouillé,

nous ne sommes pas les forçats d'un affreux tsar,
condamnés pour avoir comploté contre lui,
mais des Koboltz résignés partout au hasard
de nos rues réjouies au crachin de la pluie,

nous marchons, nous marchons, les épaules rentrées,
les mains enfoncées dans les poches de nos vestes
afin de mieux savourer les longues traînées
tracées aux chiffres noirs des déjections abjectes.

Et pourtant l'on entend que des chaises pliantes
sont dressées aux terrasses comme si la bruine
allait bientôt cesser de jeter sur nos tentes
les fines giclées de sa céleste cuisine,

ce drapeau continue à flotter sur sa grue,
ses brosses mécaniques rebrossent la rue,
l'on débarque des portes d'une camionnette,

un avion traverse le brouillard pour là-bas
déverser au goulot d'un tuyau sale et bas
sa charge de forçats pleins de stupeur muette :

allons ! puisqu'il le faut, allons nous habiller
et emmêler nos pieds à cette humanité
qui n'a pas peur de reprendre en main sa brouette.

FRANÇOIS de CORNIÈRE

Les carnets terminés

Il fallait que je change de carnet
que j'en prenne un nouveau.

Comme j'avais l'habitude de le faire
je feuilletais une dernière fois
mon carnet terminé.

Je voyais défiler des mots notés au vol
des bouts de phrases
adresses numéros de téléphone
titres de films extraits de livres
noms de cafés de magasins de lieux.
Choses vues entendues partagées ou pas :
vécues.

C'étaient des étincelles d'émotions
dont je m'étais souvent servi
pour écrire mes poèmes
pendant la durée du carnet :
un an environ.

Certaines étincelles étaient restées étincelles.
J'en recopiais parfois quelques-unes
au début de mon nouveau carnet
comme des survivantes – on ne sait jamais.

Hier en lisant *Rue du Sans Pareil*
et *Princesse Tam Tam*
j'ai eu le cœur retourné.

Mais je me suis dit qu'on devait respecter
les poèmes non-écrits.

Des touches d'éternité perdue
s'accrochent toujours toutes seules
aux petites pages des carnets terminés.

Le moment juste

Je relis les mots de Willy Ronis
que j'avais recopiés sur mon carnet
ce premier mars à Vannes
lors de l'exposition de ses photos.

(Je me rappelais avoir déjeuné avec lui
il y a longtemps à Caen – sa gentillesse sa discrétion sa simplicité).

« Parfois les choses me sont offertes avec grâce
c'est ce que j'appelle le moment juste.
Je sais bien que si j'attends, ce sera perdu, enfui. »

J'avais marché dans la vieille ville et sur le port
en pensant à tout cela et à la poésie.

J'avais continué ma promenade sur le quai
jusqu'au banc où en fin de journée
nous devions nous retrouver.

« Je ne mets pas en scène, je négocie l'aléatoire. »

Je t'avais aperçue de loin. Tu ne m'avais pas vu.
La lumière du soir était belle aussi.

Le feu était au rouge.
Tu attendais pour traverser.

C'était pour moi exactement
« le moment juste ».

JEAN GABRIEL COSCULLUELA

Dans le noir de la voix

À mes parents Simona et Emilio,
avec les voix de Jacinta et Clarisse Nicoïdski.

Le chant qui se voit… Je te parle sans te voir.
Tu es dans la même nuit… C'est l'œil de la voix,
dans la voix, l'image d'un œil dans le noir de la voix…

Jean-Marie Gleize

Au cœur de la nuit,
nous avions perdu nos voix,
notre chant,
nous ne savions pas
si la nuit était encore
temps de couleur,
s'il était encore
temps de couleur.

Lus ojus las manus la boca.

La plupart du temps,
nous restions au plus près
des choses simples
dans le noir,
sans pouvoir toucher
le silence.

Nous restions malgré tout
au cœur de la nuit,
nous imaginions
la couleur,

la lumière,
proches.

La couleur,
la lumière
étaient peut-être
restées au cœur
des choses simples.

Avions-nous oublié
celles et ceux
qui nous avaient donné
ces mots sur la table nue
de nuit
à côté du pain ?

Il nous reste aujourd'hui
très peu de mots
pour les nommer,
para darnus esta culor,
para darnus esta luz,
pour nous donner cette couleur,
pour nous donner cette lumière.

Au cœur de la nuit,
nous reste
di ni tener ojus
di no ver –
de n'avoir pas d'yeux,
de ne pas voir,
nous reste d'écrire.

Avec le temps,
la couleur,
la lumière
ouvrent nos yeux,
ouvrent nos mains,
ouvrent notre bouche,

ojus manus boca,
et nous nommons
la terre,
la tiarra,
nous reste
a avrirsi lus caminus,
à faire ouvrir les chemins.

Sintiremus una sola palavra di fuegu.
Entendrons un mot de feu seul.
La couleur est
un mot de feu seul.
La lumière est
un mot de feu seul.
La mort est une langue
sans savoir
qui nous manque
et sa couleur
et sa lumière.

Sans avoir peur du noir,
elles et eux nous dirent
souvent
de laisser la lumière
pour la nuit
et la couleur,
et la couleur encore.
Nous restions malgré tout
dans le noir.

1er mars – 7 mars 2024
Avec *des mots* en judéo-espagnol de Clarisse Nicoïdski,
Juan Gelman, et *des mots* de Jean-Marie Gleize.

CÉCILE COULON

Brûlée, vive

Tu as été brûlée, d'abord doucement,
C'était réconfortant et doux et chaud
D'être maintenue à la maison
Après vingt heures s'il n'y avait aucun garçon
De la famille pour t'accompagner
Pour venir te chercher
Tu as été brûlée par des flammes qui
Au début ressemblaient à des bras qui serrent
À force d'aimer
De la mauvaise façon

Tu as été brûlée par des incendies
Qu'aucun photographe professionnel
N'a su rendre sublime et intense
Des flammes qui existent depuis dix ans
L'été pendant deux mois
Ça crève toute la France
Ça grignote l'ombre et les feuillages
Ils ne craignent pourtant pas
De voir autour d'eux
Disparaître le paysage

Tu as été brûlée par des gifles invisibles
Par des manques de nourriture volontaires
Par des gavages pour ne point pleurer
Par des opérations pour plaire
Tu as été brûlée par des accouchements
Et des relations sexuelles ordinaires

Tu as été brûlée et d'autres aussi avant toi
Maintenant elles disent que c'est presque normal
Qu'à leur époque les brûlures on n'en faisait
Pas tout un foin
Parce que le foin ça prend feu vite
Quand on a beaucoup souffert et que personne n'a payé
On garde la note avec soi
Dans la doublure de son âme c'est un drôle de ticket
Et quand plus tard on vient en criant
« On m'a vendu du rêve et j'aimerais être remboursée »
C'est un scandale pour soi –
C'est une révolution qui porte un nom
Tachée de sperme, de sang et de vieilles traditions.

Tu as été brûlée et tu n'es pas tombée en cendres
Tu avances avec des membres calcinés
Que les crèmes les médicaments le sport et les recommandations
Maintiennent dans une texture acceptable et recherchée
Tu as été brûlée à cause de tes pouvoirs
Parce que c'est toi qui décides ou pas
De porter un enfant
Parce que c'est toi qui décides ou pas
De nettoyer ou d'abandonner la maison
Parce que c'est toi qui connais
Le langage de la douceur absolue
Tu as été brûlée quand tu as refusé
D'être douce quand avec toi
Personne ne l'était plus.

Tu as été brûlée : maintenant tu sais
La hauteur des flammes, la couleur du brasier,

Tu sais défaire les liens pour sauter du bûcher
Tes Canadair de révolte grondent au-dessus des forêts
Tu es celle qui allume des feux au lieu d'être consumée
Mais tu sais combien la chaleur n'est pas la destruction
De toute chose fragile et vivante.

CHARLÉLIE COUTURE

Élégie de la résistance électrique

Le peuple de la résistance électrique vivait tranquillement
À l'ombre de ses questions, quand le Khamsin brûlant
A soufflé sur les bergers nomades
Qui arpentaient le désert.

Dans les ténèbres opaques de jugements aveugles,
Comme porté par le mystère de la foi,
Le peuple de la résistance électrique a traversé la rivière,
Traversé la mer, contre toute évidence.

Le peuple de la résistance électrique a lu son salut
Dans des colonnes du ciel, et autres piles alcalines empilées.
Il a tracé des signes abstraits qui racontaient son destin sur des parchemins
Et des circuits imprimés pour des siècles des siècles.

À l'heure digitale de la guerre des étoiles,
Sur un sol de gravas labouré par la haine,
Ils se sont implantés, telles des graines cananéennes
Devant le mur, le mur, le mur.

Le peuple de la résistance électrique compare ses antithèses
Aux prothèses de l'Histoire, tel un infirme sur l'autel du profit.
Et les prières prophylactiques, et les idoles en plastoc,
N'amènent pas plus la Paix que le sacrifice des enfants sacrés.

Les promesses non tenues, les actes manqués, les attentats
Et les faux-semblants de la diplomatie – tu sais ce que c'est –,
N'ont rien permis d'autre que de gagner du temps.
À l'arrivée, il n'y a pas de gagnant...

Problème insoluble ou méconnaissance de soi, improbable ordonnance,
Le peuple de la résistance électrique s'adapte aux circonstances.
Même si tout semble perdu, il inventera de nouvelles paraboles,
Car toujours la violence commence où finit la parole.

SEYHMUS DAGTEKIN

L'envol

Extrait

Roche bientôt arbre / Feu bientôt bulle, rêve hors de son lit
Souffle condense la terre / Dépouille les cendres
Épar/pille les vents / Cerf un peu plus loin
Que nous chevaucherons d'une balle
Avant qu'il ne nous achève de ses bois

Nous nous tapisserons de silence
L'eau trouvera sa raison dans nos déambulations
Nous pousserons plus loin que le souffle de nos proies
Prêtes à nous cueillir de l'autre côté de l'attente
Nous déposer devant la porte fermée d'une étoile
Que nous redécouvrirons
Avec nos files de fourmis, langues de bisons
Pour régénérer dans les plaies
Le sang
/
Aussi dérisoire qu'un feu dans la nuit
Bras qui ne mesurera l'espace de sa chute
Et la simplicité de la neige
Irrémédiablement hors de ma peau
Qui reste à la surface de la chose

les aiguilles de pins tiendront dans l'eau moins que mes ongles
qui deviendront racines / un oiseau les emportera pour renforcer son nid
tandis que la chute du ciel sera retenue par la montée de la nuit

Disposer préciser / Marché de dupes / Polir d'une main Pouvoir dans l'autre / Agir écraser disperser / Bombe contre Hache contre Fer / Et des dents par milliers / Rondeurs des Pierres et Murs / Visages par milliers / Ovale des Bœufs Plis des Lettres / Briques s'amoncellent sur des visages / Polir d'une main Pouvoir dans l'autre / Paupières s'effacent des visages / Langue n'est plus que réminiscence des sables / Chasser fouiller faufiler / Cris et peurs condensent l'air / Rates et foies se mêlent à la boue / Piller d'une main exécuter de l'autre / Qui ne remplissent cour ni gouffre / Honnir fêler griser / Mer déjà morte Désert déjà feu / Des yeux débordent mers et déserts / Polir d'une main Pouvoir dans l'autre / Ventres et cervelles remplissent nos visions / Harponner ligoter se terrer / Bouches et orbites au-dessus de nos caches / Bras et jambes pour nos panses par milliers / Polir d'une main Pouvoir dans l'autre / Pour chaque pli un fil Chaque fente une fenêtre / En acier ou sur les chaises longues / Calculer les cartes / Enlever les écailles / Disposer préciser / Une bouture par fente / Boulangerie de la courante qui s'arrête net devant la Confiserie du levant / Lièvre clignotera rouge / Pain tombera dans le noir / Déterre les têtes / Gobe-les avec vents et mouches / Un rat un piéton un rat un piéton un rat un piéton / Mobiles et oiseaux / Disperse ailes et murmures / Et le futur

/

Aujourd'hui, on ne mange pas. Demain non plus. Le Moyen Âge non plus. Les perruques non plus. Les coussins et ceux qui s'y adossent non plus. Les sons qui passent de mes fenêtres à ma tête non plus

/

Remèdes dans une main Feux dans l'autre / Disposer préciser / Personne ne déposera sa tête dans la tombe d'à côté / Au milieu de nous / Parfois le temps / Qui se trompe de pont et de chemin / Et nous Seuls / Fourbir pouvoir agir / Paille n'est pas abri Œil n'est pas délivrance / Marché de dupes / Marée contre Chaussée / Bâton contre Pierre / Étants jamais définis dans le tout / Confond cris et bêlements dans la même tête / Fini / Le secret déborde la Bombe brouille la Hache détourne le Fer / Le temps que je devienne moi-même

Une pelure

JEAN D'AMÉRIQUE

Cadavre-fleur

Je suis mort à l'aube.
Au lieu de boire leur café qui, maintenant, s'est refroidi, mes amies sont parties chercher un drap blanc pour couvrir mon corps. Tout à l'heure, elles feront la quête pour m'acheter un cercueil. Et, paupières barbelées dans la nuit gelée, elles prieront jusqu'à déjouer ce songe-effroi : moi cadavre, moi lambeau du devant-jour. Les passants détournent leurs regards, mon sang les saigne. Les larmes fuient à ma vue. Et, comme un fardeau, la foule me déserte. Même les mouches refusent de se poser sur moi.
Et la ville se tait. De douleur peut-être. Ou de peur.
Si peu de bouches pour me pleurer. Autour de moi, seulement le silence, ce si beau linceul.
Me voici allongé au milieu de cette rue, où je suis né pour mourir. Ma plaie a crevé ses limites. Les ténèbres entrent en moi pour survivre. Ma viande entonne déjà son chant-charogne. Sous ma peau, tous les feux éteints. Les drapeaux baissés. Voici la douleur, qui vient déposer un dernier bouquet de fleurs sur mon corps criblé d'ombres. Le soleil se couche à mes côtés. Sa lumière se mêle à mon sang pour ressusciter la beauté.
Quelque part dans la ville, appuyés sur leurs fusils, mes bourreaux trinquent à ma mort. Ignorant qu'une balle jamais n'arrachera le cri d'un oiseau, que le bruit du sang versé pour la seule fin de la blessure jamais n'engloutira le cœur qui joue la partition du poing levé. Paix sur vous, mes amies. Et gardez la gorge ouverte au cri. Même si le ciel ferme ses fenêtres et qu'à l'envers l'horloge tourne mon souffle, mon squelette brisé ne cédera pas à la poussière, il hantera à jamais les monstres. Mon cadavre toujours fleurira, d'une invincible putréfaction. Mes veines, arbres en crise, donneront leur sève à la saison-vertige. Pour que demain soit vie, pour qu'une flamme se lève dans nos chairs obscures.

Retour à la blessure

Un jour, il ne pleurait pas. Je viens de faire une faute de frappe, je voulais dire : un jour, il ne pleuvait pas. Le ciel était bleu, mais ce n'est pas ça qui m'intéressait. D'autres fleurs s'agitaient dans ma tête : je cherchais mes racines. Je cherchais mes racines, et je suis allé sous les bois. Non. J'ai confié mon corps au vent et il l'a amené sous les bois perdus de la mémoire. J'aurais pu tout simplement me pencher sur mon ventre et, par la grâce de mes ongles, creuser au-delà de la peau, sortir une à une mes entrailles pour leur demander des comptes. Mais trop timide mon âme, pour ce genre de tâche. Le vent a emporté mon corps : me voici pour un bain nu dans la forêt. Les arbres sont des couteaux. Entre mon écorce et la sève du passé, ils tranchent. Et me rapprochent de la nuit, où flotte un drapeau rouge : le sang. Le vent me lèche la chair. Surgit un rêve, ruisselant de lait noir. J'ignore ces ténèbres qui dévorent le poème.

JACQUES DARRAS

Adieu à Jean-Pierre Verheggen

Je me souviens Namur 1980
Jean-Pierre mon cher Jean-Pierre
Tu officiais Radio RTB près la Meuse
Trois heures d'émission le dimanche en direct
Dite IDEM trois heures dominicales post-prandiales
En compagnie de Rombaut Marc
(Qui s'est gommé Gantois de Flandre
Pour devenir Antipolitin de lui-même
Vigneron gallo-romain plus Roubaud
Que Rombaut !) toi Jean-Pierre n'ayant jamais
Quitté tes crus de Wallonie
Ta vigne picarde septentrionale qui par
Jules fut classée Belgique seconde
Étant du même tonneau toi moi
La lie seule nous divise mais par la
Terre et les pieds solidaires de quelle
Étrange légion fûmes-nous
Les héritiers ! Moi je dis que les mots
Améliorent nos maux dentiste
En maxillaires toi te fiant plus que moi
Aux prothèses serais comme l'Edgar
Poe picard nous remoulant
Le palais déformé par les siècles
Centurions du français parisien
Aux anciennes chaussées
Qui de Saxe ou de Frise nous firent naguère
Capillaires par la brune
Brunehaut chevelures sur la langue
Le vin qui vient de loin d'il y a
Longtemps tiré coule

Dedans nos veines moi le Picard du Sud
Par l'orbite parisienne happé j'aime
Surtout la clarté qui est au Nuits-
Saint-Georges au Pommard au Santenay
Que les Ducs de Bourgogne
Les Jean les Philippe les Hardi
Récoltaient aux Hospices de Beaune
Ou Dijon ma santé au tanin
Liée mes artères se dilatent au
Passage du flux pourpre sang
Pour sang j'aimerais que liquide vinicole
Transfusé j'ambulasse vigne errante
Vigne bougeante sur ses pieds
Mes vers pleins de fruité de bouquet
Robe rouge éclatant de très loin
Vers l'avant – toi la bouche
Moi les veines nous fûmes un Mosan
En entier car la Trouille et la Haine
Qui sont rivières wallonnes coulant près de
Malzy où tu vivais par la Scarpe à l'Escaut
Vont donnant couleur humaine
À ce fleuve échotier dont faire notre emblème
Drapeau d'eau détrempé j'y trempe
Mes rêves terrestres m'y taille mes mailles
Fluviales m'y découpe m'y patronne
Modèle pour ma Maye qu'épique
Je repique à plat sur le courant
L'étirant l'allongeant jusqu'aux baies
Aux bâillements du sommeil
Terminal – toi tu colles à la glaise qui
Comme l'anglais nous fait
Déparler par la bouche par la glotte par les
Pieds tu freines par le sabot
L'attelage qui du Sars comme si
De rien n'était descend tout droit sur
Liège ou Huy grincement frottement
Brusque arrêt contrôle volant des douanes
« Laissez-moi vous verbaliser ! »

Verbalise Jean-Pierre verbanalyse plutôt
Les côtes qui tombent d'Ardennes
Vers les bords de la Meuse sont des pentes
Par le verglas glacées d'un
Glissement lapsaire je le sais pour l'avoir
Testé tel jour d'hiver qu'au Luxembourg
J'allais par Verviers et Jalhay –
Pourquoi frontière franchie une langue
Devient-elle plus friable
Au contact d'une autre le français
L'allemand nous dormons dans les mots
Pas au Val car les mots sont troués
Avant même que le parleur parlant n'ait le front
Traversé par une balle tu le sais je le sais
Toi le trou toi l'éclat le shrapnel
Moi le flux moi le sang nous faisons à
Nous deux un Frallemand un Framand
Un Francon de Françonie lointaine
Un trépané d'Europe amnésique
Par moitié hémiliégeois remontant
À l'ancienne hémipélagie nous gisions
Frères de laie par la lisière
À l'automne condamnés comme s'il fallait
Que l'homme gise hélas ! Gisela l'Ita-
Lienne t'aliénant t'a sauvé moi
Marchant jalonné galonné par l'amour me suis
Fait corporellement parlant bilingue
Frontalier toi moi comptant bien
Que fluents deviendront tous ceux qui
Leurs zouïes ouvriront à nos Zoueds
Du Condroz dévalant vers
La Meuse iambique
Oui vers le Mozambique !

SÉVERINE DAUCOURT

Poudreuse

Extrait

C'est ainsi, des gens ont besoin du corps de la neige ils sont noués à elle, elle a tout d'eux ils lui ont tout offert ont signé le contrat ils ont basculé vers elle et ne reviendront pas en arrière, ils veulent bien être son animal son chien.

Ils font la fête avec leurs amis qui prétendent que le jour brille ils ont l'œil qui rouille sans l'eau des pleurs ils sont trop loin d'eux-mêmes mais ne s'en aperçoivent pas ils ne connaissent pas la crise ni les problèmes de nerf de la guerre ils ne se demandent même plus à qui appartient l'air.

D'autres cherchent un chasse-neige pour les maintenir hors du trou profond de la peur en poussière qui recouvre les heures, le chasse-neige murmure c'est moi ton ami donne-moi la main on va traverser les ténèbres viens sur mon chemin de fer dépêche-toi de t'installer dans le compartiment étanche.

C'est quoi ton chasse-neige ?

Pour les uns c'est regarder des vidéos sur Paris la nuit sur le trafic d'organes sur la prostitution, ils aiment écouter s'exprimer d'autres gens des traînards des déserteurs qui souffrent un cran au-dessus pour pouvoir se dire qu'ils sont bien là où ils sont et qu'ils ont de la chance quand même.

Parfois pourtant la neige envahit l'écran avec le dérèglement climatique la guerre la torture les abattoirs, ça les déprime l'idée d'apocalypse ils préfèrent se remettre le nez dans la vase, ils se laissent vivre et à l'extrême deviennent une loque qui répète sois cool et le bien-être illusoire du chasse-neige à portée de main supprime l'angoisse de cet état de loque.

Certains s'habituent à cette angoisse qui les mène par le bout du nez ils s'y conforment, au bout d'un temps ils ne peuvent plus la discerner elle les a enrobés et l'équation dévie de *chasse-neige = exutoire* à *pas de chasse-neige = malaise,* tu saisis la subtilité ?, d'un + le chasse-neige devient un *sine qua non*, une fois qu'elle a contaminé les gens la neige les rend incapables de se réinventer, tu saisis l'absurdité ?

Souvent tu te demandes comment – comment faire comment alerter comment bifurquer et par où commencer –, tu es parmi les premiers à subir et parmi les derniers à pouvoir agir, tu trouves que le costume est trop grand tu flottes dedans.

Ce n'est pas de ta vie dont la neige est propriétaire c'est de la beauté de l'ordinaire devenu tellement impopulaire dans le monde invivable où tu dois vaquer.

Au fait, quand s'est-il mis à neiger ?

Tu te croyais heureux et affirmais : on vit nos meilleures années, le progrès te fascinait te donnait de l'espoir, tu avais parfois une question une vague inquiétude, il se trouvait des gens rassurants qui déclaraient publiquement surmonter les problèmes, tu arrivais à payer les frais fixes à appeler ta mère et à ne pas oublier de poster ton courrier tout allait bien.

Personne ne sait quand le vent a tourné, tes inquiétudes malgré le froid ont commencé à flamber, tes moteurs de recherche ont fini par surchauffer sans système de sécurité et n'ont pas retrouvé de quoi te rassurer.

Sur les ponts sur les heures sur ton corps et sur les murs la neige s'était mise à tomber d'autres l'avaient décidé ailleurs avant sans toi mais néanmoins sous ton nez.

Un jour tu t'es réveillé tu as ouvert les yeux et tout était blanc.

GUILLAUME DECOURT

Affaires

Je vois Lino Ventura dans *L'Armée des ombres*
Il ressemble à mon père que nous attendions
Sur le quai l'hiver à la gare de Bonson
Épaules larges manteau long et regard sombre

Il descendait du train puis marchait lentement
Sous la neige en penchant légèrement la tête
Il portait une valise en cuir sans roulettes
Et ne nous apercevait qu'au dernier moment

Il avait mené ses affaires à Paris
Logeant chez une certaine Françoise qui
D'après ce que j'avais compris à demi-mot

Était une Espagnole ayant dû fuir Franco
Un homme méchant dont tout le monde avait peur
Et que ma mère qualifiait de dictateur

Hôtel Cézanne

Elle était soubrette à l'hôtel Cézanne
Cirait des souliers dès l'aube faisait
Le lit de corpulents hommes d'affaires
Qui sentaient le pastis et les Gitanes
Je ne crois pas que cela lui plaisait
Elle était la maîtresse de mon père
Qu'elle aimait paraît-il avec passion
Étudiait les sciences économiques
Avant de s'en aller au Mozambique
Participer à la révolution

Escale

Chère maman que fais-tu donc en Angola ?
Ne crois-tu pas qu'il serait temps de revenir
Préparer des madeleines au chocolat
À tes deux petits-enfants ? j'ai entendu dire

Qu'à Luanda on ne peut circuler qu'armé
Lorsqu'on traverse la capitale en voiture
Les portières doivent être bien verrouillées
Mais dès qu'en un lieu on pratique la torture

Il faut que tu t'y rendes même en bénévole
Pour quelque nouvelle mission d'envergure
À quand le prochain petit pot de confiture
Maison ? *a luta continua* et bon vol

CHLOÉ DELAUME

Advienne que voudra

Se découdre la bouche
Points de croix le long des lèvres
De la ficelle à rôti
Couper à ras le nœud
Petits ciseaux pointus
La parole se libère
La langue enfle, fourbue
Le déni fut un dieu
Pour beaucoup une patrie
Restent des trous sur nos lèvres
Des trous, mes sœurs, des trous
De force, plafond, Grande Ourse
Toutes les sept minutes
Sans compter les souvenirs

La parole se libère
La vérité se chiffre
Pourcentages pleins de bleus
Cadavre tous les trois jours
De nos bouches décousues
Se vomit le mot *victime*
Un sourire de pendu
Nos peaux en abat-jour
Sous les mains des messieurs
Qui de nos corps s'empiffrent
Aujourd'hui reste hier

Quand adviendra demain ?

La parole, la parole

La parole porte plainte
La justice lui répond :
Vos mots ne sont pas des preuves
Même glutineux de bile
Seuls sous scellés les faits
S'appellent un événement

Alors vient l'heure des cris
Des larmes et de la lave
La colère en coulée
L'impuissance éruptive
La vérité crachée
Des cendres après chaque salve
En Talion Pompéi

Oui, c'est bien l'heure des cris
Mais le silence les mange
Gobés par un non-lieu
Les ogres d'aujourd'hui
Personne ne les dérange
Comme du temps de leurs aïeux
Attablés au banquet
Serviette autour du cou
Pantalon bas des jambes
Nos Narcisse en bouquets
Nos ego en ragoûts
Pendant que les forêts flambent
Barbecue fin du monde

Quand adviendra demain ?

Les ogres d'aujourd'hui
Ont les mâchoires d'hier
Comment se pourrait-il que la honte change de camp ?
Ils n'éprouvent pas de honte
Ils en perdraient leurs dents
La culpabilité rongerait chaque racine

Ils n'éprouvent pas de honte
Ils croquent dans tous nos os
Et en aspirent la moelle
Puis ils jouent aux osselets
En effaçant nos noms
Ils détournent nos sanglots
Pour que soit chantée leur plaie
Leur orgueil écorché
Frustration et rejet
Des tout petits garçons
Enfants rois de ce monde
La maman est putain
Ils en veulent à son ventre
Assouvir leurs pulsions
Car tout leur appartient
Trois lettres prononcées
C'est un Non qui éclate
Ils feignent de ne pas l'entendre
Ils se crèvent les tympans
Et nous accusent ensuite
Et nous culpabilisent
Ainsi se cousent nos bouches
Mais céder ne sera jamais
Non, jamais
Consentir

Quand adviendra demain ?

En lettres de feu hurlent
Des slogans qui enflamment
Jusqu'aux chambres à coucher
Le privé est politique
Et l'intime un brasier
Ils voient nos incendies
Se moquent de nos bûchers
La honte ne change pas de camp
Même quand ce dernier crame
Les ogres d'aujourd'hui

Sont les mêmes qu'avant-hier
Ils ne redoutent rien
Ils n'ont rien à redouter
Car leur impunité s'avère ignifugée

Pour que demain advienne
Le regard est une arme
Le regard collectif
Arrachez les paupières
Pupilles de vérité
Par le feu, sachez-le
On ne peut rien purifier
Ils n'ont pas d'âme
Les ogres
Leur corps de privilèges
N'est même pas combustible

Pour que demain advienne
Arrachez leurs paupières
Les pupilles fissurées
Faïence de vérité
Tendez-leur un miroir
La honte, la honte, la honte
Leur sautera au visage
Ils s'en couperont la gorge
Le matin en se rasant

Demain adviendra quand
Dire non pourra suffire

PATRICE DELBOURG

Désarrois

– I –

tant de passants l'ont piétiné
même son ombre garde mal aux reins
ne se souvient pas d'avoir eu un jour
d'autre patrie que la perte   l'abandon
il avait l'art de tout gâcher merveilleusement
avec le sourire niaiseux du ravi de la crèche
accroché comme une cocarde à sa face camuse
qu'on lui donne sa chance
il la foulait aux pieds séance tenante
avec fougue et détermination
qu'on lui montre la voie
il brisait le rêve tambour battant
sans retenue   ni modération
sa vraie nature était celle du gâte-sauce

– II –

sous un ciel de traîne
grande fatigue des wassingues
dans la verroterie larvée des feux rouges
les oiseaux laissaient au vent le choix des mélodies
bien-être à la consigne   toute joie javelisée
prostré sur un banc zinzolin près du belvédère
il venait de cotiser à la secte des obèses morbides
yeux passé au blanc d'espagne
cœur au bain-marie   il ahanait au moindre effort
jamais sa carcasse ne le laissait au calme
sa prostate chantait caruso   triglycérides en vrac

l'automne changeait de saison
le gravillon du tertre restait immuable
la vie est si lente ce soir
on dirait une haleine de vieillard

– III –

dans ce bistrot triste comme un chien errant
pas de blanc gommé   ni de casse-poitrine
juste quelques crus bourgeois   sourds et compassé
un gramophone hors d'âge qui barytonne à fendre vitres
déboule une sarabande de muscadins et de petits crevés
houppelande à la hamlet   caraco étriqué   rase-pet frileux
ineffables dans cette maigre cheviotte qui les habille
surgis du diable vauvert   de pitchipoï ou de pétaouchnok
aseptisés   normalisés   délivrés de toute fantaisie
tous les scouts de la bien-pensance ont ainsi rappliqué
trissotin parade   madame verdurin pérore
l'ennui reste le berceau de la créativité
mais sous terre   les jours seront sans fin

DENISE DESAUTELS

Un essai de réenchantement

en nous la colère
un cœur de secours [...]

la résistance est un pollen
de beauté contagieuse

Peau manifeste,
Jonathan Lamy

Swimming, Smoking, Crying, *hagarde et résistante*
la petite nageuse fumeuse
– bouche et yeux béants – lutte.
Avale tout. Encore. Lutte.
À l'horizontale.
Une haute vague coupe l'iris en deux.
Triangle d'île en pleurs mène loin.
Tête. Cargo bruyant.
Creux d'énigmes d'arrière-rêve[1].

Que plus rien ne nous échappe
que l'oubli n'emporte pas
nos petites intuitions.
Elles passent ne s'arrêtent jamais
bien longtemps.
Après.
Quoi dire aux absents aux meurtris aux muets.

Ce serait si facile de rester là les bras en suspens.

---

1. Vers extraits de *D'où surgit parfois un bras d'horizon*, Denise Desautels, éditions du Noroît (2017) et Poésie / Gallimard (2022).

✦

Les saisir. C’est pourtant ce qu’il nous faut
au moment où elles s’immiscent dans la cage
où tant d’algues pourraient se refermer
sur elles. Les retenir. Cage d’eau là
où ça devrait battre fort.
Où – jadis vive sentinelle
un concentré d’espoir et d’humanité
s’est à ce point figé
qu’on le croirait noyé.

Que notre vigilance les hameçonne
les force à se tailler une place.
À prendre racine – malgré tout.
Petites fleurs farcies de vent de vagues
et d’épines – les intuitions
au beau milieu d’un cœur
imprononçable.

Car il y a toujours un peu de terreur logée là.

✦

Qu’elles élèvent la voix ces violentes audacieuses
– auréoles de souffle rebelles.

✦

C’est néanmoins si facile d’oublier le pouvoir des algues.
De regarder passer les petites intuitions.
Comme si – volatiles particules
on les laissait nous narguer
tandis qu’un pur parfum
de charniers – sans rien qui l’entrave
se propage partout.

Les petites intuitions en fuite
et nous voilà dévasté.es
loin loin
de l'écriture partout
de l'encre[1]
de tout ce qui est
maritimement humain.
Indépendante et puissante vie qui palpite
pensée soin reconnaissance
de l'autre et de nous-mêmes.

Loin surtout de cette langue lucide
étreinte d'intuitions – on dirait
et de ses vertiges et de ses étrangetés.

✦

Les saisir. C'est pourtant ce qu'il nous faut.

✦

Les mots.
En faire des phrases et des fables
avec quelque chose d'infini dans la voix
qui accélère la poussée des racines
– de ce qui ne faisait pourtant que passer
et de ce qu'elles dépaysent
les racines – en nous et ailleurs
des déserts sang sanglots
et de *l'engourdi savoir*
de l'amour[2].

Ardemment lutter.
Témoigner. Déchiffrer. Dévoiler.
Écrire. Écrire encore.

---

1. Vers de Sylviane Dupuis, extraits de *Poème de la méthode*, éditions Empreintes, 2019.
2. Vers de Marielle Anselmo, extraits de *Vers la mer*, éditions Unicité, 2022.

S'étonner d'écrire encore. S'entêter
à écrire de cette main
hurlante et amoureuse main
gauche vigilante
qui vrille.

À coups de petites fleurs farcies de vent
de vagues et d'épines
illuminons frontières fenêtres souffle et air
bordons-les.
Réenchantons
ce qu'il y a de funeste dans le noir.

Car rien de pire que la nuit forcée
le bâillon ou le cri dans la nuit
que l'illégitimité
de la nuit.

SAMUEL DESHAYES

Enchaînement fâcheux

Tu as ouvert la porte avant que l'aube poigne :
les arbres ont écorcé leurs armures secrètes :
les oiseaux ont criblé la noirceur de leurs cris :
la plaine s'est remplie de tous les cris de bêtes :
les nuées ont fondu leur masque jaune cire :
le fleuve s'est coupé de tous ses affluents :
la route a effacé courbes et carrefours :
tous les murs de la ville ont perdu leur assise :
l'horizon désaxé a penché vers le nord :
les montagnes chuté au fond de leurs gouffres :
le ciel fracturé dans un craquement d'os :
les astres, feux éteints, quitté leur orbite :
l'espace soudain séparé du temps :
le monde rentré dans son premier silence

La mauvaise surprise

La mauvaise surprise attend au fond du coffre.
Si tu l'ouvres, trop tard, plus rien pour échapper.
Tout au fond de la nuit au creux d'un bas-côté
les corbeaux danseront leur cercle d'ailes noires.

Tu roules dans la ville avant d'être au désert
tu gareras l'auto sur le bord d'un trottoir
la foule se promène au jour cru des néons
la mauvaise surprise attend au fond du coffre.

Le regard du passant jeté à l'intérieur
son visage a verdi quand le couvercle ouvert
il a vu comme toi, comme toi effrayé
dans la foule il a fui, l'homme avec ton secret.

Les corbeaux danseront leur cercle d'ailes noires
la mauvaise surprise attend au fond du coffre.

Vois goutte

feue la joie aux bras des forêts en feu
peu de chose en nombre choses de peu
des bleus aux yeux aux cieux aux pluies de suie
les images te dégouttent des yeux

des corps à corps raccords au dent pour dent
les images te dégouttent des yeux
des bouches tordues muettes cousues
les images te dégouttent des yeux

les images te dégouttent des yeux
bouts de vies charpie sans fin ni début
les images te dégouttent des yeux

les images te découpent les yeux
les images te dégoûtent des yeux
les images la déroute les yeux

✦

Écrivant leur silhouette
noire et grande en plein ciel

alphabet évident
de la langue première

Dévalant de la gamme
du blanc de gris ponctuée
leur fanfare vibrante
et contrepoint de bleu

Parlez-moi
ce secret
qui demeure

Ciel ouvert
ô nues basses
et vous, pins

CYRIL DION

L'échappée

À l'extérieur du bureau
en dessous
des bureaux
des bureaux
des bureaux
des bureaux
au pied de la forêt de tours tristes,
gît le hangar géant,
l'immensité de néons,
de cartons
les travées larges comme des allées
et cette musique dégueulasse
qui rigole dans les conduits
qui ruisselle sur la continuité de dalles
luisantes
tout au long des vitrines, des enseignes
des slips et des meubles
des lunettes et des ours en peluche
des consoles et des sandwichs plats
couvrant à demi le bruit de ma semelle
qui irrite
le sol.

Je déambule jusque sous le grand dôme
m'assoit sur les marches qui conduisent à l'étage
l'un des étages
l'atmosphère de la galerie envahit mes pores, mon cerveau
tandis que les couleurs des enseignes dispersent mes yeux
droite, gauche, bas, haut, droite, gauche, bas haut
il faut regarder, mais quoi ?

la musique rythme les pas des gens qui traînent là
cadence
le mouvement de mes pensées
qui plient, ploient, se liquéfient
une chaleur rassurante m'enveloppe
j'effleure la manche de ma veste
une femme passe une oreillette sans fil vissée
une poussette à bout de bras
se penche sur la petite fille coincée
ajuste sa ceinture
les silhouettes se succèdent des gobelets à la main
des sacoches en bandoulière
deux filles discutent en marchant
un casque sur les oreilles
l'une d'elles tapote sur son téléphone
un rai de lumière
je compte les secondes, les respirations
le temps n'existe plus
ou peut-être transformé
je le cherche dans les pylônes
les verrières
les escalators
sur les tabourets de bar flambant neufs
sur le carrelage immaculé
mon cœur s'emballe
je marche
vers les ouvertures lumineuses
les déserts de baies vitrées
structures en béton, dalles en terrasses
escaliers
en franchissant les portes, l'air frais, m'étourdit
toute une faune grouille
des milliers de petits points qui suivent des voies anarchiques
mais convergentes
je suis l'un d'eux
et mon propre chemin aboutit aux grandes portes à tambour
au pied des vitres en marées
devant les rangées d'ascenseurs aux portes d'inox

sur le sol monotone
au dix-septième étage
je parcours les couloirs aux moquettes fines
aux meubles de bois agglomérés et m'assoit devant l'écran
à l'intérieur de la pièce qui me sert de bureau
que je ne quitterai plus
pendant sept ou huit heures
pendant sept ou huit ans.

Ne me reste plus que
l'échappée,
la course folle vers le lointain
l'incandescent, l'inespéré.

Il y a des lustres
que je ne t'ai reluquée
route sinueuse
chevelure endiablée
assise sur les sexes brûlants.
Des jours que je t'espère
rabougri sur ce petit rectangle rétroéclairé
agité de tik, encombré de tok
nouvel ouvrier du clic dopaminé.

Je te veux maintenant.

HÉLÈNE DORION

Le grondement des pas

À l'ombre de l'orme
je lisais Rilke
une odeur de pluie passée
ne suffisait pas
à rompre l'horizon

les mots vacillaient
au-delà des années
je ne cherchais pas d'autres mains
mais la tienne   proche
sans cesse   proche
et tachée d'une encre
que je reconnais

comme lorsque tu me regardes
et que cède la distance
en un rien de temps
il y a assez de raisons de vivre

C'était dimanche   sur la place
il y avait Bosh et le chaos des nuits
le fou disloqué
hurle sa rage
cogne sa tête contre l'arbre
sa mémoire rompue comme un pont
devient coyote   devient loup
qui gruge l'os
de sa propre vie

✦

Il y avait aussi Mahler
la forme tendre de ta main
avec la mienne
l'énigme d'une racine
et de l'eau qui la rejoint

elles avaient tant à s'avouer

On lèche les ossements de l'histoire
il n'y a pas de mot simple
dans la bouche de l'orage   pas
de repentir   on avale les sacrifices
épuise l'amour   invente
une pluie de poussières
qui remodèle la route
et ses lents brouillards

✦

La branche casse lourde
se détache du monde

jamais   tu n'as été
jamais   ne seras
nuit creusant son lit
de souvenirs   et le ciel
plus loin que toujours
le cœur où nous entrons
la terre où l'ombre
et toujours   l'éclaircie

Mes pas avançaient
au nulle part des promesses

la vie craquait comme
se fissure le masque
du souvenir   un chantier
humain déchu

dans la gare silencieuse
on range le siècle
et l'horizon du monde
que rattrapent les violences

une poignée d'illusions
brise la ligne des choses claires

sur le fil des calendriers
l'orage éclabousse
jusqu'au vide   dans nos bouches
l'écho d'une barque sans vent

je ne sais pas
ce qui s'accorde
avec le temps qui vacille

ARIANE DREYFUS

Horizon

À Chloé Moglia, circassienne

J'efface ma vie. Je l'ai toujours effacée.
La page est toute blanche parce qu'elle a disparu

Pour l'instant je n'y vais pas.

Une femme me dépasse pour s'approcher de la mer
Bras nus et simple tee-shirt, elle tourne et retourne ses poignets
Ouvre et referme ses mains qui vont la porter
La suspendre

Trapèze jamais vu,
Un arc d'acier, et blanc, posé sur la falaise s'étire
Sous le ciel où planent tant de nuages
Elle y monte par une corde qui retombe en boucles sur l'herbe

À six mètres de haut elle se lâche à moitié
Belle courbe de la tige, comme si, accrochée d'une seule main
Elle pesait plus lourd

Le bras s'étire en gravité, en pliant un genou
Tout le corps tourne à 180 degrés, lentement le souffle
Fait durer la force des doigts serrés

Corps qui bouge très lentement, pour le sentir au-dedans
Elle est
Presque aussi pensive que la tour délabrée
Quelques pierres ont lâché
Tour sans toit, à côté d'elle, mentale

Ne suffit-il pas ?
Un souffle de vent a le temps de passer

Puis l'autre main, celle qui est libre et fragile,
Tend l'index pour toucher la ligne blanche jamais perdue

La reprendre à pleines mains, se hissant
Pour regarder ce qu'on revoit

Puis le quitter encore, insensiblement basculer en arrière,
Pieds se posent quelques secondes, puis touchent l'air,
Le ventre se contracte et les jambes s'élèvent
Étreignant le métal résistent au poids
D'une tête humaine, paupières tressaillent
Elle laisse pendre tout son corps

Suspendue dans le vide et en vie

Tenir, le temps que le visage reçoive
Autant l'air que la pensée

Les mains ont lâché ce qu'elles serraient si fort
La peau des joues se déplace, le tissu s'écarte de son buste
Encore le vent même si personne ne veut s'envoler de là

Peu à peu les cuisses se tiennent seules sur la ligne
La douleur est un appui qu'elle reconnaît, les bras
S'ouvrent petit à petit, sensibles balanciers

Maintenant ses muscles la dessinent toute

Après la marée descendante un rocher immobile vient
De se réveiller et reste les yeux ouverts

Moi aussi je respire encore

ALAIN DUAULT

Vous allez me dire que l'âge que les pavés sur les paupières
Ou qu'aux mains les fleurs de cimetière vous allez me dire
Que la fatigue du matin l'épuisement du soir et les fenêtres
Refermées vous allez me dire que les miroirs ternis pour ne
Pas se voir l'oubli le temps passé à ne plus se souvenir et à
Vouloir retrouver les mots cachés sous le lit Vous allez me
Dire que ce n'est rien un nuage une ombre qui passe Mais
Non justement non

✦

Quoi de mieux qu'un poème dans les mains pour nous re
Donner ce goût ardent de vivre qu'ont les hirondelles qui
Tournent dans le ciel du soir et repoussent la nuit la mort

Quoi de mieux que les femmes qui se tournent et relèvent
Leurs cheveux pour montrer leur peau brillante parfumée
Elles ont du printemps sur la nuque sur leurs épaules d'or

Quoi de mieux que cette longue clameur qui enfle Est-ce
Une sœur de la peur qui s'approche ou un arbre ou l'eau
Qui monte et emporte et fait renaître Est-ce cela l'amour

Quoi de mieux que se jeter avec les doigts des mots dans
Le plus noir du monde Êtes-vous prêt à accueillir la mort
Car elle viendra vous le savez dans l'affolement des jours

Comment écrire quand le déluge quand la nuit
Au milieu du jour quand l'éclat du feu au cœur
De la nuit quand la boucherie du temps quand
Tu ne peux plus tracer que le traité des larmes

Hurlez avant d'entrer frappez tout ce qui bouge
Entre les mots brûlés Déchargez vos fusils sur
Les enfants qui pleurent et puis asseyez-vous
Entre les deux rivières mangez tous les enfants

Comment écrire quand les crabes amassés sont
Là quand le temps se poudre de tous les oublis
Et que j'ai bu tant de tempêtes Comment parler
Au ciel son nom de fleur ou à je ne sais pas qui

✦

À l'aube les amants ont-ils encore quelque chose à se dire
Sinon le désespoir sinon l'orage qui les abat de l'intérieur
Comme une maison dont la façade reste intouchée malgré
Les flammes de l'incendie qui a tout renversé à l'intérieur

Le grain de la peau l'or la moiteur le frisson tout a disparu
Car le jour est dans la fenêtre il n'y a plus qu'un ciel éteint
Sur les lèvres plus que la poussière qui coule sur les doigts
Le miroir où les fleurs blanches du visage du soir ont fané

Le rossignol ne chante pas la nuit et c'est grand dommage
La solitude est plus sinistre si on reste là sans comprendre
Qu'il n'y a plus rien à se dire se rappeler peut-être Arthur
Toute lune est atroce et tout soleil amer et puis voilà salut

ANNE DUJIN

Le train longe la côte, en détoure patiemment
les caps, les criques, séparant d'un côté
le murmure inarticulé de la mer
et de l'autre, l'alphabet des gares, des villages
dans les collines. Et ceux qui regardent
par la vitre font en eux le même travail
le doigt sur la ligne vierge des rails
entre le dit et le non-dit, ouvrant l'espace
où tout peut encore être nommé

✦

Tu traverses le jour comme on épluche
un légume, répétant les mêmes gestes
Mais de sa chair brillante tu ne vois pas grand-chose
car tu regardes ailleurs. On t'a souvent dit
que le meilleur est dans les épluchures
ce petit tas de rubans terreux
où il te faudrait maintenant chercher
ce qui te manque et échappe toujours
à ce que tu prépares

LOUISE DUPRÉ

Au bout de tes doigts

Au fond du noir
tu aperçois une main

une main
ouverte
comme une étoile

prête à tenir tête
aux frémissements de l'aube

bientôt, tout
recommencera

les gazouillis dans les feuillages
les cris des écoliers

et les voix rougies
qui dissimulent
leurs chagrins

encore une fois, le jour
s'acharnera
à éteindre la vie

mais tu te lèveras
tu t'habilleras

et tu répéteras tes gestes
sans riposter

sauf dans des poèmes
que tu griffonneras

les ongles tachés
par l'encre
de ton enfance

les mots, tu le sais
n'attendent pas
de rédemption

ils se présenteront
devant toi
sales et nus

et tu ne les plongeras pas
de force
dans la lumière

tu les remercieras
de ce qu'ils peuvent
t'offrir

tu as peut-être perdu
ta foi

mais il te reste un horizon
lové sous la peau

que tu appelles
parfois *refus*

parfois *espérance*

quand tu troques
ta résignation
contre l'audace

tu renieras alors
les images
trop polies

qu'on t'a enfoncées
sous le crâne

et tu partiras, seule
au hasard

cueillir
dans les échappées
du silence

ce rien
qui scintille
encore

la nuit
au bout de tes doigts

FALMARÈS

Je suis un numéro

À tes yeux
Je suis un numéro
À tes yeux
Je suis un sans-papiers
Je suis un étranger sans képi.

Oui, je suis éboueur
Je me lève tous les jours à 4 h du matin
Je vide les poubelles avec un souffle de balbutiement
Je trie les déchets à la solitude du cheval
Je nettoie les rues de partout pour redonner saveur à la ville
Je nettoie,

Et pourquoi donc je suis toujours un sans-papiers ?
Pourquoi donc me traiter de la sorte ? Alors que je travaille à la sueur
ébène de mon front
Qu'est-ce donc pour toi, un métier en tension ?

Je suis femme de ménage
J'ai quatre enfants
Ô je suis une femme seule
Je travaille avec mes compatriotes dans les hôtels de luxe
J'ai un salaire en dessous du smic
Un salaire à couper le souffle
Un salaire de misère

Et sous les rigueurs de l'hiver
Ma fille sanglote… sanglote… sanglote
Et moi,

Moi aussi j'ai froid
Mais je ne mendie pas dans les rues
Je ne pleurniche pas dans ton jardin
Pourquoi donc me traiter de la sorte ?

Je suis un sans-abri
Des bénévoles m'ont trouvé dans la rue
M'ont parlé
M'ont accueilli sans jugement avec ma tête d'Africain
M'ont donné l'eau et le pain sans rien demander en retour
M'ont appris ta langue avec amitié
Cette langue du pays d'accueil
Cette langue du pays au pain de ma mère

Maintenant je parle ta langue
Je clame ta langue
J'écris ta langue
Je danse ta langue
Et j'aime ta langue jusqu'à mon être
Car, elle est mienne aussi...

J'aime ta langue jusqu'au fond de moi
Car, elle est littéraire...
Mais maintenant j'ai peur,
J'ai peur de devenir toi.

Je suis un sans-abri
Je viens d'un pays de hautes racines chaudement chaleureux
J'ai un frère et sœur à la peau d'or-ébène
Et trois demi-frères aux yeux non-caucasiens
Mon père est un homme du quotidien Faisant les petits travaux
Ma mère ô ma mère... était d'une grande beauté

Je viens d'un pays enthousiaste et hautement colérique
Mon périple a été long et brutal
Mon périple a été semé de deuil et désolation
Pourquoi donc me traiter de la sorte ?
Alors que tu ne sais rien de moi.

Mais je suis toujours sans papiers
Mes camarades demandent :
L'exil n'est-il pas un métier en tension ?
Ô que cette terre est mon ciel
Comme le ciel est pareil partout ailleurs
Alors, parle-moi doucement
Et tue-moi humainement
dans la lumière de ton hémicycle.

Nantes, 15 nov. 2023

ESTELLE FENZY

Tu crois seule
pouvoir traduire
les gestes en sentiments

Quelles tension torsion
dans le ventre du pinceau
et le tien se rassemblent quand

Approchez dit-elle

Elle aussi sait
d'un haussement
de sourcils d'une lèvre
mordue ta langue muette
renverser le cœur
les rôles

Tu prends ta leçon de miroir

✦

L'Enfant
Elle et toi
toutes paumes sur l'as de pique
Cris sur les visages
fébriles
Elle *ne triche pas*
Elle *joue vite*

Ainsi passent les moments de grâce
où les mains la joie s'agitent
avec pour seul repère
la lumière donnée à entendre

Tu hausses le rire

Elle place la vérité
dans ses yeux

✦

En secret
tu fais poser
les hommes interdits
non à ta pudeur
à ta féminité

Tu lui dis
comme on t'empêche
comme tu déjoues

Les mots semblent innocents
mais le bruit qu'ils font en tombant

Tous vos regards se rencontrent
Tout se dessine et déverrouille
dans leur écho contre vos peaux

✦

L'Enfant brode
les aiguilles tendres
d'un romarin

Cherches-tu
posant ta main sur son épaule
le courage des gestes simples

Aligner les verres
servir le vin
jeter le beurre

dans la marmite brûlante
frotter ses mains sur un tablier

Vous êtes toutes trois
si présentes
que cela pourrait être
n'importe où

Tu ignorais
que le silence
avait tant de chair

MICHÈLE FINCK

La résistante

Avoir au moins neuf femmes en moi

celle qui parle français zébrée de rythmes
sans cesse au corps à corps avec les cratères
souterrains et les bas-fonds dissonants de la condition
humaine sans repos raclant râpant raturant les mots
traquant les signes les affûtant à vif
leur faisant rendre gorge et sèves et résines

celle qui parle allemand la musicienne
la mélodieuse éprise du *Lied*
elle a grandi avec *Erl König*
le Roi des aulnes pour frère de lait
elle joue du piano y gît un dieu
elle aima autrefois un violon de neige
elle fut longtemps sa veuve élégiaque
elle chérit le *es* allemand le neutre intraduisible
il incarne la voix transpersonnelle anonyme
vers laquelle tendent tous ses poèmes

celle qui parle anglais nourrie du suc âpre
de Shakespeare et des romancières anglaises
équarrie par le destin d'Ophélie
morte d'avoir vu ce qu'elle n'aurait jamais dû
voir :
la folie d'Hamlet
hantée par le suicide dans l'Ouse de Virginia Woolf
cherchant comme elle à bras-le-corps
des *moments of being*
des moments d'être

celle qui parle italien l'*appassionata*
éprise de ce *cantabile* accordé au cosmos
depuis toujours elle ne vit que pour le désir
à l'opéra elle prend feu chaque
nuit elle rôde dans Rome près
du *Colle Oppio* et du *Colosseo*
à la recherche de son amant qui l'y a enfermée
jadis parmi les *gatti erranti*
il est *un uomo del passato* un homme
du passé portant caméra *high tech* en sacoche

celle qui a appris l'espagnol sur les Ramblas
et aime l'arôme de la *jota* roulée rauque au fond
du larynx elle voudrait être enterrée
avec son piano de paille comme Lorca
le souhaitait sous le sable avec le *llanto* de sa *guitarra*
es imposible callarla
il est impossible de la faire taire

celle qui balbutie le russe la mystique
votre sœur d'âme Pouchkine Tsvetaeva Akhmatova
kto ti : moi angel li khranitel
ili kovarni iskusitel ?
quand j'articule votre langue j'ai l'impression
qu'elle est ma langue pré-natale fœtale
l'idiome sacré de mes ancêtres les plus éloignés
la lettre de Tatiana dans *Eugène Onéguine*
m'est palimpseste intime parchemin intérieur
qui es-tu : mon ange gardien
ou un habile séducteur ?

celle qui a été gavée de latin *arena*
sine calce et descend
dans les anfractuosités de l'étymologie
des vocables elle sait que tout se transforme
et elle marmonne *Les Métamorphoses* d'Ovide
désirant devenir arbre laurier
chevelure changée en feuillage comme Daphné
la fuyante délivrée enfin d'Apollon

celle à qui on a inculqué   un peu de grec ancien
et s'enivre   de tragédies grecques
depuis la mort   de son père   Électre
somnambule dans la mémoire   elle crie en songe
          Ô Agamemnon Ô Agamemnon
mais le père   le silencieux   jamais n'est de retour

ces neuf femmes   font du remue-ménage
dans mon crâne et mon ventre   mes poèmes
sont   ventriloques   même en langue française
ils donnent à entendre   l'entrechoquement
l'agôn des autres langues en combustion
          syntaxe   scansion   syncopes
toutes mes maladresses reflètent   les gaucheries
avec lesquelles je vous parle   langues étrangères
          – mais vous transmuez ma voix en chœur universel

cependant il y a en moi   une dixième
femme   la plus profonde la silencieuse
avec toujours   ce mutisme entre les dents
sous la langue   sous la glotte
dans chaque mot   je l'entends se taire et résister
c'est elle qui silence   insomniaque
dans les artères   des langues
jusqu'au cœur des vocables   et parfois m'agenouillant
                                                                      avec elle
                                                                      pour
                                                                      prier

                                                                      tête
                                                                      contre
                                                                              sol

                                                                      je
                                                                        m'
                                                                          in-
                                                                            connue

RODRIGUE FONDEVIOLLE

La carte en main

Ils sont trois et leurs traits
Ne disent pas je protège
Ils réclament le papier
Qui chaque fois les déçoit
Toujours ils sont trois
Pour parfaire le manège
Empêcher toute fuite
Ainsi ferrer la proie

Dans mon dos le blanc sale
Des briques lisses du métro
S'érige en fond vert
De leur western urbain
Ils projettent leurs fantasmes
Rejouent trop convaincus
Un scénario usé
Allez hop ces papiers
C'est maintenant pas demain

La carte déjà prête
À jaillir du jean
Présente prénom tout droit
Tiré de la littérature
La photo est proprette
Mais ses bords sont cornés
À force de surgir
De dessous les coutures

La carte je la voudrais
Cousue à mon poignet

Depuis que trois des leurs
Identiques, insistants
M'ont bloqué dans un coin
Pour me la réclamer
J'ai été pris de cours
Petit je sortais sans

Mon arabité longtemps discrète
S'affirme en vieillissant
De jamais à souvent
Les contrôles au faciès
M'ont donné des réflexes
Par tant insoupçonnés
Je repère désormais
L'uniforme à des lieux

Je m'arrête, je souris
Je dis bonjour messieurs
Ils me fouillent brièvement
Et ricanent sans les dents
Je garde les bras levés
Dans leur œil je me sens
Comme l'alien embusqué
Sous le masque d'un autre

Ceux-là scrutent tour à tour
Mon visage et la carte
L'un ou l'autre leur ment
Si quelqu'un a menti
Peut-être est-ce mes parents
Qui pensèrent crédible
Ce joli nom de blanc
Promis monsieur l'agent

Dans leurs voix en canon
La déception hargneuse
Se maquille en moquerie
Ils dévaluent la proie

Qui déjà leur échappe
J'ai toutes les cartes en main
Pour reprendre mon chemin
Mais combien ne les ont pas

Il faudrait un sursaut
Non pas l'énième secousse
D'un jeune assassiné
Mais celui des bourreaux
Qu'ils voient le saint élan
De l'enfant qui les fuie
Et que le teint jamais
Ne voue aux gémonies

Autant d'espoirs que mine
La quasi-certitude
De voir ma peau changer
Plus vite que leur monde

GAËLLE FONLUPT

À Rosa Robota, Birkenau, 7 octobre 1944[1]

Elle en a vu tant
noyés dans un seau
jetés aux ordures encore vivants
quand ils n'avaient pas été piqués
au phénol en plein cœur
des bébés de toutes les nuances de bleu de vert
« ici ce n'est pas un jardin d'enfants »

elle en a vu tant
empilés dans les allées
forêts tronçonnées de corps pris par la glace
ou mangés par un soleil chauve
en attendant que les camions passent

alors quelques grammes sous les ongles les jupes
quelques grammes seulement de poudre noire
car tout sera pesé à la fin de la journée
par les contremaîtres les corps fouillés par les kapos
dans tous les interstices
deux petites cuillères par jour
et huit mois pour faire sauter un four

✦

À Frances Mangel Tack, Auschwitz, 11 février 1943

Vous nous avez rasées
ouvertes au couteau comme des huîtres

---

1. D'après l'ouvrage documentaire de Chochana Boukhobza, *Les Femmes d'Auschwitz-Birkenau*, Flammarion, mars 2024.

étonnés de nos peaux blanches
même éventrées nous répondons
à chaque crachat
« vous ne pouvez nous tuer qu'une fois »

✦

À Katia Singer, Birkenau, 1943

Comparer les listes chaque nuit intervertir
un chiffre un seul et donner
à une vivante le matricule d'une morte
minutieusement trois par jour pendant deux ans

✦

À Berty Albrecht, 31 mai 1943

C'est la fin du combat
en rêve un corbeau colonise
ses yeux son ventre son cerveau

elle a ouvert tant de voies tant de faims
un geste encore pour ne pas
que la langue capitule

« Je vivrai sur la corde qui vient mourir en toi »

✦

À Olena Bilozerska, 2024

Ils échangent quelques mots, une soupe
le temps du lendemain, les heures de relève

l'essentiel ne peut se dire

l'un a un staccato mitrailleur poinçonné dans la tête
un autre dessine une Pieta aux lèvres de vin

elle revoit ce bus jaune poussin
aux allures de clown triste éclaboussé sur la fenêtre

l'essentiel ne peut se dire
– ils partagent le pain

PAUL FOURNEL

Le poème à deux voies

Le poème à deux voies (comme la route) est une forme fixe : un quatrain mesuré expose le motif.

Le texte se dédouble ensuite en deux huitains contradictoires ou complémentaires.

Un nouveau quatrain résout la contradiction ou la complémentarité.

Les quatrains sont mesurés et les huitains sont leur demi-mesure. Si le quatrain compte huit syllabes par vers, les huitains en comptent quatre. Si le quatrain compte un nombre impair de syllabes, sept par exemple, les deux premiers vers des huitains parallèles devront compter sept, soit 4 et 3 ou 3 et 4.

Assonances, rimes et répétitions sont *ad libitum*.

C'est la pratique cycliste sur les petites routes qui m'a dicté cette forme.

La contrainte est claire et rigoureuse, mais le potentiel de variations à l'intérieur du cadre est grand.

En principe

Les vers sont mesurés. Tout d'abord un quatrain
Qui pose la question. Puis le poème s'ouvre
En deux huitains comptés à la demi-mesure
Qui ne sont pas d'accord. Chacun ayant sa voie.

Dire une bonne chose
L'affirmer finement
L'expliquer sans détour
Suivre le droit chemin
Dans une expression claire
Et nette d'intentions
Qui décrit clairement
Ce qui se conçoit bien

Prendre une voie contraire
Et la dire autrement
Tout en hésitations
En sauts et en gambades
En retours et en doutes
Changer soudain d'avis
Et de façon de dire
Prendre l'autre chemin

Le quatrain de la fin résoudra le conflit
Ou ne résoudra rien, mais pourra lui aussi,
Comme tout le poème, s'enrichir de redites
De rimes, d'assonances et de contraintes extras.

Résister

Pratiquer le vélo c'est savoir résister
Mais il est des façons opposées de le faire
Bataille contre soi qui peut dégénérer
Lutte contre le réel qui peut être de fer

La route monte raide
Juste là devant moi
Il va falloir grimper
Il faudra résister
Chercher en soi de l'aide
Lutter contre la pente
Qui revient à lutter
Contre le mal de soi

Il est juste devant
Il faut prendre sa roue
Puis vite dépasser
Résister au retour
Se porter à l'avant
Creuser un petit trou
Ensuite il faut tenir
Et puis se détacher

Ayant résisté contre soi et contre l'autre
Le coureur résistant a droit à son goûter
Il mérite bien le réconfort d'un café
En attendant, plus tard, le plat de résistance

La fourche

La route me tentait, je suis perdu.
J'ai cessé de parler à mes mollets.
Je vois venir la fourche vers ailleurs
Ou plutôt vers ici. Je suis perdu.

Ici la forêt
Et la nuit si verte
Des grands bois sapins
Le frisson et l'œil
Qui tarde à voir
Plus que le virage.
Peut-être des loups
Dans le bruit des freins

Là le pré en pente
Et le ruisseau vert
Et l'horizon bleu
La route le vent.
Serpent décoiffé.
Sans doute des vaches
Parfois un hameau.
Changer de braquet

Entre le vent la peur tu es perdu,
Mais j'ai choisi mon vent, choisi ma peur.
À ce moment du parcours et après
Tant de kilomètres je cherche mes jambes.

LILI FRIKH

Aujourd'hui

je regarde plus
ni dehors ni dedans
je fais autrement
je dis pas comment je fais
je fais comment je dis

je parle presque je suis
presque la seule chose qui reste
je parle donc je suis presque là
à un endroit impossible à trouver dehors et dedans
je parle en continu de plus en plus méconnaissable
et Aujourd'hui je parle sans rien chercher à reconnaître
je reconnais rien
rien de rien
pas un grain de poussière de peau
rien qui est là qui est moi qui es toi qui es là
rien ne me dit rien qui est

tu veux quoi que je fasse quoi je veux pas
je veux pas apprendre ça
je veux pas apprendre à jouir de la mise à mort je veux pas
je veux pas apprendre à faire partie de ce qui est

comme si je n'avais pas vu ce que j'ai vu pas senti ce que j'ai senti
et la force qu'il me faut
pour que tu ne vois rien de la force qu'il me faut
fait que je parle

Je veux pas
moi pas rester là

moi pas recycler dans la machine à écrire
moi pas continuer le mythe du texte

moi pas vouloir le monde
moi pas vouloir ce qui existe
moi faire un autre jour

je parle l'interminable de parler le mystère de respirer
je parle la voix
rien d'autre

à aucun moment je sais

à aucun moment c'est écrit

Aujourd'hui casse la poupée qui n'est pas une poupée qui est l'irréparable de parler

LAURENCE FRITSCH

Ici tranchée

Je suis la tranchée
où la mitrailleuse joue un air de triple-croches
derrière d'hexaèdres barbelés crucifères
sous les projections de l'ypérite jaune délétère

###

Je suis la tranchée
où s'enlisent les rêves de naturalisation
Apollinaire Cendrars et tous les coloniaux
horizons bleus des souvenirs en lambeaux

###

Je suis la tranchée
où se rouillent les longues Rosalie
au profit des masses d'armes ou des casse-tête
pour de longs corps à corps abjects

###

Je suis la tranchée
où pleuvent les obus de 75 qui miaulent avec éclats
morts pour la France l'Allemagne ou le pays de Hume
la croix de guerre à titre posthume

###

Je suis la tranchée
où deux sanglots – la rose et le réséda

forment un lac de sang et de misère
au creux de parois qui semblent en nougat

###

Je suis la tranchée
où s'abritent les PCDF – Pauvres Couillons Du Front
vaillante chair à canon mangeant du singe
soupe claire et pauvre litron

###

Je suis la tranchée
où tapis des enfants de 20 ans creusent
des trous rats vermine uniformes déteints
engendrant morts mutilés veuves et orphelins

###

Je suis la tranchée
au Chemin des Dames et à Craonne
on en a assez on ne veut plus marcher
nous sommes tous condamnés nous sommes tous sacrifiés

###

Je suis la tranchée
à Neuville-Saint-Vaast avec Jules Davoux
crucifié entre barbelés et contrepentes
grignotant de pauvres mètres dans les jeunes épis
le dernier jour de la bataille de l'Artois
grand-oncle enterré dans les replis de nos mémoires

###

Je suis la tranchée
à la Ville-aux-Bois avec Guillaume Apollinaire

c'est un banquet que s'offre la terre
elle a faim et ouvre de longues bouches pâles

###

Je suis la tranchée
à Passchendaele avec Iron Maiden
je hurle mais personne ne m'entend
je sens le sang descendre dans ma gorge

###

Je suis la tranchée
dans la légion étrangère avec Blaise Cendrars
la guerre divise un bonhomme en morceaux
et l'envoie aux quatre points cardinaux

###

Je suis la tranchée
au milieu de la bleusaille fangeuse avec Henri Barbusse
les mains aspirent à devenir *des choses de luxe*
au-dessus de draps à l'arrière avec les infirmières

###

Je suis la tranchée
internés sans bruit les victimes d'obusite
les nerfs qui lâchent jusqu'à leurs plus petites fibres
dévorés dans leur réseau par la peur qui s'y distille

###

Je suis la tranchée
qui abreuve la terre de croix blanches et grises
dans les cimetières militaires amis ou ennemis
un bleuet époumoné au pied des 36 000 monuments aux morts

###

Je suis la tranchée
seule dans tous ces sillons
quand les cloches sonnent
le 11 novembre à 11 heures

###

Je suis la tranchée
qui s'insinue dans les écorces des épicéas
forêt de guerre reconstituée à la hâte
bouffée cent ans plus tard par le scolyte typographe

###

Je suis la trachée
gueule cassée apocalyptique
d'où remontent des mots croisillons cryptiques
trace des lignes de fuite dans ce labyrinthe

§§§

Je suis la trachée
dans les longues veines où il chemine
l'air vicié dans les poumons moutarde
laisse les projectiles s'étrangler

§§§

Je suis la trachée
où éructent des vers dans les conduits
des bronches des bronchioles des spirales
de vains mots pour aimer mon semblable

§§§

Je suis la trachée
tube perdu en première ligne
rejoindre ces mètres de boyaux – guerre intestine
cerveau intime en quête de vérité intérieure

§§§

Je suis la trachée
qui suspend les hommes les arbres et la terre
au gibet des points de suspension
aux quolibets de la gloire des nations

§§§

Je suis la trachée
corps armé qui respire
des gaz mortifères naguère comme à présent
celui qui croit au ciel celui qui n'y croit pas

§§§

Je suis la trachée
qui asphyxie les arbres exogènes
dans des galeries pondent les scolytes femelles
dorénavant privilégie la forêt originelle

§§§

Je suis la trachée
qui avale les voix perdues dans la terre cannibale
nous sommes nos propres fossoyeurs
rien ne finit rien ne recommence

§§§

Je suis la tranchée-trachée hideuse et glorieuse
bouche à la recherche d'un nouveau langage

soyez indulgents avec la frénésie furieuse
luttez toujours contre le mal qui vous enrage
contre la cruauté des civilisations qui rature
n'oubliez pas la guerre est contre-nature

LAURE GAUTHIER

neige mort

Merveilleuse vieille femme
Devrais-je partir avec toi ?

À 9 h 11, le 18 janvier, ma main s'est posée contre la vitre
sans buée
sans la tienne, inerte la
mort marée montante
gagnait du terrain
sous tes lèvres

au levé, ai touché entre
le jardin de neige et
la chambre chaude la chambre du frère
sans présence
sans buée
et les rideaux ôtés
ai espéré évaser le présent par la vitre froide
à l'étage
en bois

tout sera vide
forcément
à 9 h 11, tu venais d'ouvrir les rideaux
le bruit du tissu empesé sur la tringle métallique
criant
(on ne voit jaunir ni les tissus ni les visages)
la force dans tes bras, dans tes jambes
me rassure au levé
la force, me dis-je,
à 9 h 11 mon corps savait pourtant

depuis la tête sur le carrelage au soir, le choc le son
les corps savent mais les yeux cherchent des prétextes
à écrire après, des écrans à la peine avant,
s'agrippant sans écrins

les clichés ne retiennent rien
le corps sait la mort
le tien aussi savait
avec moi
forcément

à 9 h 11 j'ai photographié le jardin
dénué
le noyer ployait sous la neige
sans feuilles
et le cerisier n'est pas tombé
malgré les tempêtes dans le boccage
sans haies
le boccage remembré
le noyer survivrait, je le savais
enfant pourtant ne l'imaginais

à 9 h 11 donc, j'ai pris mon premier cliché
depuis ce vélux, vieux comme mon monde
et pensé à la vaisselle du soir de ta tête
entrechoquée la vaisselle que je n'avais pas faite
ni toi
évidemment

à 9 h 11 je fabriquais des œillères, le 18 janvier, des sourdines
je prenais le premier des trois clichés
croyais crisser
entendre le son des pas dans la neige
de l'enfance
le sort nous citait les belles années
aux congères
blanches
aux bottes plastifiées

le son de l'enfance crissait du dehors recouvrait
ton souffle court
à outrance

le 20 janvier j'ai retrouvé un cliché pris à 10 h 03
depuis le bas,
le café que je me suis fait, la machine couvrant les râles
la machine châle et ta pauvre poitrine
démunie
la bande son accablante
de preuves que je n'ai pas entendues
j'ai dû toucher les mains glacées que tu m'as tendues
que j'ai serrées
sans tendresse
sans te regarder en te donnant un bol et du thé
sans anses
le bol pour te réchauffer
de la mort qui venait
grosse comme une maison
comment ai-je pu ne

à 11 h 05, je buvais mon café pendant que ton œil se fermait
il m'aura fallu le
bruit bol brisé
à 11 h 08
l'œil révulsé et mes bras à ce moment enfin
s'accordait à toi enfin
dans l'affolement de la mousse aux lèvres
ma mère sous-bois
qui brûlera
je t'aimais trop pour te le dire
justement

à 11 h 15 la main, trop tard
durablement

ai tenté de t'appeler, ai été tentée de t'envoyer
son visage en photo, pour savoir si elle était

sans vie
mais l'amour ne peut rien à l'amour
mort
et les mots comme garrots de bric
ne disent rien
ni le noyer commun
de broc

vie de guingois
durablement
les clichés n'ont rien retenu
ai oublié ta voix
tu es morte avec le jardin
et la neige était là où je n'étais pas

personne pour la fouler
autrement qu'en pensée
il neigera dans la culture
naturellement

En tes rêves je ne te dérangerai pas

Les deux premiers vers sont une citation transformée du dernier poème « Le joueur de vielle » du cycle « Winterreise », texte de Wilhelm Müller, mis en musique par Franz Schubert.
Le dernier vers est extrait de « Bonne nuit » / « Gute Nacht », premier poème du même cycle.

ALBANE GELLÉ

Devant le monde elle n'est pas seule
des prairies poussent dans sa poitrine
d'autres mains que les siennes
font des semis pour certains jours

✦

Avec le chat elle grimpe à l'arbre
ils ont leur branche, elle frotte ses mains
contre l'écorce du laurier, le bois ressemble
à un muscle, à une peau
elle n'en finit pas de sentir
parfois elle goûte avec la langue
c'est un mélange cru de terre
et d'amertume
papillon blanc, de père en fille

✦

À l'affût des concordances
elle est tenace en enthousiasmes
des prairies poussent pour d'autres jours
elle imagine une poulie
qui remonterait toutes les rafales
du fond des puits

✦

Sur l'établi l'enclume est lourde
elle grimpe à l'arbre avec son chat
pour ne pas se faire écraser
par la mélancolie
elle lance en l'air ses mots lourds
sur de tout petits papiers, *papillons blancs*
de père en fille, la poésie se continue

DAVID GIANNONI

Je suis l'étranger
Qui frappe à ta porte

J'emmène de mon long voyage ce souvenir
Que nous sommes issus du même Arbre
Malgré le feuillage malgré les fruits malgré les troncs
Qui ont toutes ces couleurs

Je suis l'étranger
Et mon nom est Chez moi
Partout
Où me mènent mes pas

Je me souviens de cette clé que je t'ai prêtée
Elle n'ouvrait aucun tiroir d'aucun meuble en particulier
Mais cela nous faisait sourire
Et nous en avions besoin

Je suis l'étranger
Et j'ai élu domicile chez toi
Ce jour où le soleil parcourait une trajectoire plus longue
Et qu'arrivés au bout de la nuit
Nous n'avons pas désespéré
Même un instant

Les enfants jouaient à se dire
Qu'ils s'aimaient
À être papa maman malade et infirmier

Je suis l'étranger
Et par-delà le temps de ces vies
Je me souviens des mots des anciens qui disaient :

Quand on frappe à la porte
Ne te laisse jamais cueillir ni par la surprise
Ni par la déception
Ou l'attente

Sois cette porte
Le dedans et le dehors

Et la clé

JEAN-LOUIS GIOVANNONI

Le ciel n'est pas si haut

À Vincent Verdeguer

Sève lente
silencieuse

Les plantes savent se taire

Pousser

oui
pousser
et envahir

Poussière vivante

Spores et graines
attendent

Moucherons et vers aussi

Tu sais
le ciel n'est pas si haut

Pourquoi vouloir toujours l'espace…

Un peu de terre suffit

Viens

installe-toi parmi ces plantes
ces fleurs

sorties du béton
des murs
de la chaussée

et ne bouge plus

Patience
que tes pieds ignorent

Même enfoncés profond
– ils s'agitent

Tu ne pousseras pas vers le ciel
comme ces roses trémières
ces pissenlits,
ces herbes folles...

N'insiste pas
– tu ne sais que bouger

rue Dagorno
2024

GUY GOFFETTE

Épilepsie

Force 12

(poèmes posthumes retrouvés)

XIII

La peau nue
L'autoroute en écharpe
Un quidam lève le bras
pour le compte à rebours
Une femme écarte les pans de sa jupe
Laissez passer
le porteur de cactus
Déjà
Noël est proche
Le sperme immaculé
embouche la trompette
des anges

XIV

Allô
Non merci pas d'image ce soir
Le poète de camomille digère
ses noyaux de silence
Feu de nombril perte de vit
Toute descente de plexus
est de manœuvre dangereuse
mais sous les trombes d'Eustache
la joie des trompettes de Salope éclate
Alors dormir debout comme un cheval
la belle affiche pour un aveugle
en socle

XV

Orgie de fards
départ en flèche
les bas noirs lentement
descendent l'avenue des marelles
Coltrane absout l'absolu dérisoire
des cuisses materniqueuses
Trève d'eucalyptus
allez poète range tes tropes
y'a plus d'bon Dieu
dans la pampa
C'est l'heure
épileptique

Colle, au fond

le jour fi le sa que nou i lle
jour fi le sa que ~~nou~~ ~~pui~~ i lle mo no
fi le sa que nou i lle mo no to
le sa que nou i lle mo no to ne
sa que nou i lle mo no to ne le
que nou i lle mo no to ne le jour
nou i lle mo no to ne le jour fi
i lle mo no to ne le jour fi le
lle mo no to ne le jour fi le sa
mo no to ne le jour fi le sa que
no to ne le jour fi le sa que nou
to ne le jour fi le sa que nou i
ne le jour fi le sa que nou i lle

ce 3/8/81

Les larmes

Lourdes lentes louches
violentes souterraines
elles coulent creusent crèvent
ravivent rigolent rougissent
comme de gros garçons noceurs
qui hurlent Silence
et crachent à la lune
Descends Descends voir
si tu oses Descends
et qui s'effondrent

PALOMA HERMINA HIDALGO

J'aime et je hais.

Si peu soucieux de s'étudier soi-même, l'enfant songe-t-il aux distinctions du plaisir et du mal, à leurs attaches secrètes ? Je porte, sans la comprendre, une douleur si finement infusée dans chacune de mes fibres, qu'atteignant son sommet, elle semble se corrompre, se fondre en une extase. Peut-être ma tendresse, cette tendresse famélique à laquelle nulle mère n'a jeté l'aumône d'un baiser, cette tendresse qu'à mes dépens j'ai dû nourrir, et de ma propre candeur, a-t-elle trouvé dans l'ordure ce qui lui manquait pour s'épanouir.

De ce petit corps éraflé par les vignes, truité de bleus, tanné par les vents basques, je ne tire aucun orgueil. Nana, quel tendron, voué, dès avant que s'éveillent ses sens, au culte de lui-même, n'est prêt à nommer vertu son innocence affolée ? Souillon ne connaît plus ce trouble ; l'étonne seulement qu'une porcelette veuille, à sa mère, refuser sa viande. Peu lui importe la valeur du don : qu'il soit à la mesure de sa crasse ; comme elle, crasseux.

Rappelle-toi, Nana. Ce matin, à la « niche », un œil-de-bœuf s'ouvre dans les voûtes ; du fond givré des miroirs, dix poupées aux robes semées d'étoiles révèlent la beauté du cosmos. Dans le four à cuisson, la perfection des flammes. Toi, qui sais fuseler une cruche, et, sur la glaise rose, animer les fées noires, flattes de ta paume ma hanche.

Oh ! Ton sourire las. Ton sourire de lèvres blanches : « Viens. Viens, Souillon, pétrir un peu. » Je lorgne l'argile et le tour, rêve de ciseler dans l'or la geste de Peau d'âne – et n'assouplis sous mon pouce idiot qu'un serpent ocellé de cœurs. L'aimes-tu ? L'aimes-tu, Nana ? Et tandis que je malaxe, ton visage s'irise aux éclats du vitrail : ta peau d'ananas, tes tatouages de bagnarde, ta ferronnière, qui dut être celle d'une reine.

Oh ! Nana ! Ça brille ! Là-haut, sous les cimaises – suis-je trop petite pour bien voir ? – tes poupées rouges, tes fillettes corail ! Moulées par tes doigts, Nana. Qu'elles sont crémeuses, sous leurs nœuds d'organdi ! Leurs yeux ? Je les ai vus dans une rose, une nuit. Ils étaient faits de lune et d'eau. Perles frêles, qu'on chipe à la lumière – d'antan. Oh ! Nana ! Les mignonnettes ! Elles tanguent, là, là, comme cette rose, un soir, tanguait au ciel du puits. Sais-tu ? Je languis, Nana, de te revoir à la lune. Quand, dis ? Quand, Nana ? Oh... Nana... qui mêle en tes mains aériennes l'or et la terre ensemble, songe : je fais bien mieux avec les miennes.

Tu ourles mes lèvres de mille émaux. Ton ongle, contre ma bouche, verdi par le sang d'une punaise écrasée. J'incline la tête sous ton œil ; lui qui voit tout fait peu de cas de mon frisson, modelant pour les miroirs ce qu'il attend de moi : mes « pommes miniatures », dont tu palpes la naissance. Sous ta caresse, ma poitrine fuit, si petite encore, mais douce. Mes bijoux carillonnent – cauris, porcelaine –, quand tu ôtes ma robe, le soleil y sème des paillettes. Nos secrets dorment dans ces éclats.

Sueur. D'une voilette de poupée, j'éponge ton torse – la mousseline s'écrase en froufrous. Ta bouche presse ma bouche, lui vole son souffle : satori *où tout connaître et se taire.* À mes lèvres, chaleur immatérielle. Instinct, douceur si pressante que je crois le jour levé.

Nana. Mon zèle naît avec l'aube. La plus soyeuse de mes vertus, c'est que je ne dis plus non. À tes soufflets, où je prends visage de rosière. Au parfum de sel, de caca, d'amande douce – arômes prophétiques au gré de mes boyaux. Au chrême de ta rose, dont mes dents se fleurissent. À ton œil basilic. Rond. Sorcier. Fixe jusqu'à l'hypnose. Rivé sur l'orifice où tout arrive : matrice du secret, fruit blessé d'innocence, fente d'amour dans la carne de la mangue. Ton œil est souverain des deux côtés de ma peau, où je m'honore de ne plus vivre.

Nana. L'enfant n'aime pas ses joies d'enfant tant que tu penses. Oui, elle est enfant, heureuse d'être enfant, mais pour toi, non pour elle. D'instinct, elle méprise son état d'enfant ; fait la femme ; en cela est plus sage que toi, qui parodie l'enfant. Ce qui porte l'enfant, ce n'est pas le jeu ; car, à chaque instant, elle se défait du jeu ; c'est de passer des *babies* aux cuissardes ; toute l'enfance se joue à narguer l'enfant qu'on était hier. Grandir n'est pas autre chose. Et l'enfant ne désire rien de plus que de ne plus être enfant.

Car l'état de femme est beau pour celle qui y va, avec les dons de l'enfance. Tu veux, Nana, que l'enfant se sache ignorante, bien loin, bien au-dessous, vassale pour elle-même ; qu'elle s'aide de l'ordre seigneurial ; qu'elle se forme à la piété, car on est grand par la piété, et non petit. Qu'elle s'inféode. Et qu'elle se fasse. Car elle naît toute nue, et charrie mille ardeurs dans sa besace de viande.

Nana, l'enfant ne cherche pas quelque sucre à lécher, comme font les levrettes ; elle n'est plus gourmandise ; elle est jeûne, carême, renoncement, qui regarde au-dessus de soi. Je ne vois pas qu'elle puisse croître sans déférence. C'est la loi. C'est par là qu'elle est enfant. Gifle, Nana ; sois fermé aux pleurs, fermé aux plaintes nues. Et ne feins pas d'aimer ; la force d'une maîtresse, quand elle cingle, c'est qu'elle ne s'en blâme pas ; au lieu que la mère se châtie elle-même dans sa fille. Ne promets pas la joie ; donne comme fin le martyr dompté : tel est l'appât qu'il faut à l'enfant.

M'aveugle, par le vitrail brisé, la profusion lumineuse d'un élan de colombes ; faire mienne cette grâce, telle qu'elle vit et fulgure dans le cœur des souillons.

CÉCILE A. HOLDBAN

Transhumance

I.

Franchir est un mot animal,
croître, le mot vertical des herbes,
le tout s'agite d'équinoxes en solstices
et d'été en été,
mais pour nous, qui tentons
de sauver le sens de mots étêtés,
il ne reste que le dos de la couleuvre
et la lance courbe des fougères
(c'est une parenthèse).
Je suis née de l'arbre,
je n'oublie rien, je ne cèderai pas
le monde porte des habits trop neufs,
on voyage mieux nu, dans le temps.
Souviens-toi aussi que nous habitions
des forêts ceintes de corolles
assez vastes pour les générations, la fête
des morts unis aux vivants.

Dans la poche, j'ai le livre de vivre
c'est poésie, dans la brève transhumance.

✦

II.

Je noue chaque matin
brin par brin
veine par veine

mon corps au monde
mais derrière le rideau de nuit
comme de hauts cyprès
mes mains demeurent suspendues
hors du don.

✦

III.

Lorsque je marche
je suis loin déjà,
le sommeil aussi abandonne le monde
et la mort va à reculons.
Les arbres chuchotent des lois graves
et bondissent parfois pour gagner l'air,
mais l'élan jamais ne suffit.
Lorsque je marche, mon visage s'ouvre
et les yeux de fleurs ignorées
lui répondent.
Œil pour œil, disent-elles.
Alors je vais
mon chemin et ensuite
je dévie comme le fleuve oublie
le trop-plein de son cours.

✦

IV.

Là
où nous pensions nous déplacer
d'un lieu à un autre
nous n'avons fait
que traverser le temps.

CHARLES JULIET

Pour Philippe Jaccottet

Là où tu
ne sais rien
ne veux rien
n'attends rien
n'es rien
        pour avoir chance
        d'atteindre un jour
        cet extrême
        il t'a fallu au préalable
        basculer dans le gouffre
        puis te hisser vers la lumière
sourd aux appels innombrables
soustrait à ce qui d'ordinaire
enchaîne l'œil
saisi par ce silence
où s'effondre le temps
tu laisses ta soif
te pousser sur le seuil
tu griffes coupes tailles creuses
déchires cette peau de l'apparence
qui tient dans la nuit
ce que poursuit ta soif

et retirée cette peau
c'est toi-même
que tu trouves
sur toi-même
que tu opères

sans fin tu griffes coupes
tailles creuses incises perfores

t'appliques à minutieusement
anéantir ce fatras
qui t'encombrait
opacifiait ton œil

pour désobstruer
la source

agrandir l'espace

faire jaillir
la lumière

La poésie a un langage spécifique.

Par des images, des métaphores, des rapprochements inusités de notions et de mots qu'on n'a pas l'habitude de voir associés, le poème fait apparaître une réalité qui n'existait pas avant lui. En outre, par son côté elliptique, il permet d'aller directement à ce qu'il lui faut saisir et transmettre. Je le vois comme un noyau dur. Et rayonnant une certaine énergie, une certaine lumière.

J'aime que le poème procède d'une émotion, et qu'en plus, il propose des éléments à la réflexion. Il faut encore, si possible, qu'il porte en lui d'autres choses.

✦

Le poète participe de l'anonyme, et aussi de cette souffrance qui affecte si souvent l'être humain, laquelle provient pour une part soit de son incapacité, soit de sa difficulté à s'exprimer. Ne pas trouver les mots qui traduisent ce que l'on ressent, ce que l'on éprouve, et devoir admettre qu'on ne peut communiquer à l'autre ce que l'on porte en soi entraîne une profonde souffrance. La fonction de l'écrivain est de proposer à autrui des mots justes et simples qui vont le révéler à lui-même. Et dans la mesure où il se sera rencontré, peut-être les mots dont il a besoin lui viendront-ils.

✦

Nous vivons dans une société malade. Plus un être est perdu, découragé, désespéré, et plus il désire rencontrer ce qui lui permettra de remonter la pente. À nous qui écrivons de trouver les mots qui l'aideront à reprendre goût à la vie.

✦

Voir un poème disposé sur une page, avant même que je ne le lise, fait sourdre en moi une émotion. Les découpes sont là, avant tout, pour marquer le rythme : un poème, c'est d'abord du rythme. Les mots se disposent donc d'abord sous cette forme-là. Les blancs entre les strophes sont des silences, des respirations. Si j'écris ainsi, ce n'est en rien délibéré.

C'est la clarté du fond qui détermine la clarté de la forme.

VÉNUS KHOURY-GHATA

Nous étions à la fois la cage et l'oiseau
cœurs cousus de gros fils
fixés sur un lieu que nous n'avions pas choisi

un arbre sans descendance nous suivait dans tous nos déménagements
mêmes cercles de son aubier et de nos cernes
mêmes creux de nos aisselles et du nid de l'alouette partie sans réfléchir

et qui reviendra deux années de suite
la première fois pour refaire son nid
la deuxième pour la détruire

Nous courions plus vite que le soir pour toucher la lune avant qu'elle
ne s'épaississe
l'offrir à la mère
la consoler de ses cheveux gris et de son chagrin d'être en vie

mais la mère dormait
se réveillait pour balayer les miettes de salpêtre vomies par les murs
puis redormait

une pierre dans sa poitrine l'empêchait de se lever

ABDELLATIF LAÂBI

XXIe siècle

Je ne suis pas un homme
du XXIe siècle
car que m'a-t-il apporté jusqu'à maintenant
à l'échelle individuelle
en dehors de quelques nouvelles avancées
de la science
la découverte d'une poignée de bons auteurs
et de rares œuvres d'art ?
Quant à l'échelle humaine
inutile que j'en rajoute
la coupe n'est pas seulement pleine
elle déborde
Et de quoi ?
D'une quantité de sang humain
qui pourrait faire refleurir
un, deux, trois déserts !
De folies
jadis inimaginables
comme de défricher au bulldozer
les tombes des « ennemis »
qu'on a récemment trucidés
De manipulations grossières
pour ôter de la langue
la pensée
et de la raison
l'intuition
pour souder la ferraille rouillée du mal
à la soie grège du bien

Cela dit
je n'irai pas jusqu'à faire
l'apologie du XXe siècle !

Djinn

Un djinn
s'amuse dans mon corps
Avec son trident
et sans crier gare
il m'envoie des décharges courtes
mais bien senties
tantôt dans le crâne, le cœur
le pied gauche, le genou droit
une des mains, un des yeux
tantôt dans l'entièreté du haut ou du bas
de ma carcasse
Il en fait tellement
et avec une régularité de métronome
qu'il m'arrive de m'en amuser
et de guetter avec malice
la moindre de ses défaillances

Je savais que j'étais déjà habité
mais il me faut admettre
qu'en moi
il y a encore de la place !

CAROLINE LAMARCHE

Doel

« *Doel* » croyais-je
signifie douleur

à Doel j'ai cueilli une rose
dans un jardin abandonné
comme l'était la maison
comme le sont toutes les maisons de Doel

« Il faut sauver cette rose » ai-je dit
en remontant dans la voiture de l'ami
qui me guidait dans cette région de polders
devenue le port d'Anvers
et le temple de la pétrochimie

Haven 418, Haven 869, Haven 1256, Haven 1732
ont remplacé Wilmarsdonk, Oosterweel, Oorderen, Lillo
« Les villages en perdent jusqu'à leur nom »
m'a dit l'ami entre autres choses
moi j'avais besoin de la rose
pour traverser toute cette douleur

peu après l'auto est tombée en panne
on l'a laissée au bord de la route
on a marché, marché, marché
moi la rose à la main
« Les esprits de Doel nous punissent »
a dit l'ami (pour couronner le tout
la chaleur était accablante)

à Doel il y a des maisons vides
des planches clouées devant les portes

les fenêtres sont brisées
et on a peint sur les façades
les figures de la colère

trois oiseaux noirs s'envolent
tel un Matisse funèbre
on voit une vague immense
rouge et verte qui se lève
on lit : « WANHOOP » (désespoir)
ici et là des scènes féroces
un gorille offrant un bouquet
à une cigogne qu'il étrangle
une main pour les fleurs
l'autre pour tuer la bête

à l'horizon on aperçoit
les deux tours de la centrale nucléaire
et sur la digue le vieux moulin
qui s'ouvre encore le dimanche
pour les curieux venus photographier
l'agonie du village
les graffiti qui font hurler les murs
les herbes folles qui dévorent
exclusivement les jardins

car les espaces communaux
places, bords de route, talus du môle,
on les passe à la débroussailleuse
nous entendons son rugissement là-bas
où un homme, casque aux oreilles,
coupe tout ce qui peut être coupé

pourquoi hache-t-on menu
cette herbe publique qui ne demande qu'à vivre
pourquoi ne pas offrir aux dernières abeilles
cette douce jungle septentrionale
qui se couvrira de fleurs
jusqu'au dernier printemps ?

raser, raser, il rase le moindre brin d'herbe
l'ouvrier communal surgi d'un rêve prémonitoire
bientôt on rasera les murs
et le rosier périra
sous l'eau huileuse de l'Escaut

à Doel nous avons croisé
un couple, un très vieux couple
leurs rires, leurs mains jointes
leurs dentiers étincelants
dans leurs visages craquelés

ils cherchaient un passage vers l'autre rive
un bateau, un ferry, quelque chose
l'ami et moi ne savions pas
ni où ni quand passerait le bateau
ni comment faire pour atteindre l'autre rive
main dans la main

« *Doel* » ne signifie pas douleur
m'a révélé mon dictionnaire
« *doel* » signifie simplement « but »
les mille expropriés de Doel
retrouveront-ils du travail
dans les docks flambant neufs ?

but : « *doel* »
amour : « *liefde* »
cette langue a des mots trop brefs
pour signifier ce qu'on ne peut atteindre
qu'au prix de mille détours

la rose nous l'avons plongée
dans un évier plein d'eau fraîche
elle était fatiguée
mais si belle, si vaillante
elle avait survécu
à la chaleur, à la panne

et surtout
à la douleur de Doel.

CHRISTOPHE LANGLOIS

Ami mon immobile ami

In memoriam Xavier Ricard-Lanata (1973-2021)

Ta mort mon tout en or
Ces mots ne pouvaient pas exister
D'abord ils ne le pouvaient pas
Rien en toi ne laissait prise à cela
Bien que maints signes en aient commencé
Sous nos yeux l'impossible écriture

Il me faut reconnaître ta mort de mort lavée
Comment tu parvins à ne pas te cacher
D'avoir eu à relever la vie
C'est ce que je veux conter ici
Je l'ai vu ce matin à deux mois de toi

Laver c'est ce que sait la mère
L'amie l'amante
Et couché comme tu l'étais
Tu nous as fait cette très noble
Très invisible caresse d'eau
Par la puissance de ton élan
Depuis le fond de ton lit

En ce que j'étais mal-vivant
Tu m'as lavé
En ce que j'étais né à moitié
Tu m'as lavé
En ce que j'étais couché aussi tu m'as lavé
Tu m'as de mort lavé

Je me suis d'abord débarrassé de cette idée
La trouvant trop belle
Mais ce n'en était pas une
L'insistance de mule de ton absence
Poussant la porte a fait le reste
Ma peine ne te suffisant pas
Il te fallait aussi ma joie

Incrédule je dois raconter comment tu fis cela
Me porter c'est ce que tu fis exténué
Direct comme t'enflammant sans cesse
Quand je ne pouvais pas
Quand je refusais l'effort
Tu m'as aidé et je me suis exécuté
Pâlement

C'est là ton œuvre depuis la vallée infinie
Du Criton de l'esprit
Parlant de Socrate réveillé en prison
Tu veilles et tu fêtes
Tu fais cela matin midi et soir
Ne te préoccupant pas de n'être plus
Ces stupides questions sont pour nous

Ni même des trois étoiles dont tu fis réponse
Le soir où je demandai pourquoi
Tant de souffrance affolée tant de déchirements
Et où je suppliai Dieu de me prendre moi
Au nom de demain
Qui veut des hommes tels que toi
Embrassant chaudement leur prochain

J'écris au passé et c'est précisément
Ce que tu brisas
D'un geste paisible et las
Continuant à parler à l'infirmier
Je t'ai vu faire cela
Je ne l'ai pas aussitôt reconnue

Ta mort de mort lavée
Il n'y avait que toi pour douceur telle

Et mon argile brûlée
À tous les coins tu pouvais la porter
Elle t'a dessiné ce regard
Rouge et noir comme le héros d'Ithaque
Tu me transportais dans les flancs d'un navire si profond
Où tambourine la rage

Je n'en suis pas sorti
C'est toi qui es resté près de moi
Dans le noir tu voulais que je consente
À me donner à boire à moi-même – c'est fait !
Seul l'ami sait s'y prendre ainsi
Attendre aux confins de bataille jusqu'au souffle d'être deux

Tous les doutes il se les soumet
Et maintenant je bois
Je bois à mon tour et me souviens
Ta mort m'a nettoyé les genoux
Les poignets noirs le cou
Soulevé la tête dans la vasque du vin d'Ulysse
Qui emplit les yeux de buée

Jamais tu ne fus plus présent
Et comment pourrais-je oublier ?
Je n'ai rien pu faire que marcher à ta lumière
Chauffé dans le dos traversé par elle
Au bord des bouquineries la main léchée
Ne laissant aucun mot me toucher
Sur le port où sueur est soleil

Tu m'as devancé partout
J'ai ralenti pour sentir comment
Jusqu'aux pieds j'étais caressé
– Je ne te reverrai plus dans ce café et tu y entres pourtant ! –
Il n'y a pas de ville sans ta voix

Les femmes à ton bras étaient comme des boucliers
Trop fins pour te protéger

Après ta mort tant de beauté encore !
Quelle audace de la part de la vie !
J'ai laissé cette chose me rincer
Me rouler des jours durant ami
Puis ta mort lentement
Est devenue autre chose
Non pas l'histoire dont nous récitons le feu
Ni la solitude aiguisée des soirs
Mais l'énergique insensée audace
Entrée en moi-même un peu meilleur que jadis

Une fois le rivage suffit !
Ce pas vers mes proches
Ce pieux repas des jours passés
Comme le sang
Comme le voyage
Comme l'amour
Le voici

ANNIE LE BRUN

Civilisation

Masque d'eau
Et de lèpre neuve
Entre les dentelles de la poussière
Les ailes de la puanteur
Battent sourdement
La clarté prisonnière
Se rue contre les portes
qui s'obscurcissent
Boule de haine
Éperonnée d'acier
La folie rôde
En remous d'absence
Le matin a des parures d'or évasif
Et de muqueuses fraîches
Sur le lit des choses
Il ne reste que le satin broché
Des flaques de pauvreté
On cherche seulement
Une échappée à la sanguine

Histoire

Dans l'œil blanc
Des fossés
Le passé renversé
Fatales
Des armées de gestes anciens
Battent l'air
Sauvagement
L'herbe de l'horizon rentre sous la terre
Comme les vagues sous la mer
Rides de scintillement
Rides d'opacité
Les grands chemins
Empruntés par les siècles
Disparaissent
Dans les besaces du vent
Neige folle neige crue
Les parades du temps
Reviennent en tourbillons obscènes
Les chaudrons aveugles du froid
Se cognent dans la nuit
De grâce, mettez fin au bruit lourd
De la mémoire qui sombre

YVON LE MEN

L'homme fut possible

N'ont de valeur que les pensées que nous vivons

Herman Hesse

Ses mains
celles d'un ouvrier
l'ont sauvé pendant la guerre

l'ont sauvé du pays des sans nom
quand les gardiens l'appelaient par un chiffre

les autres
par son prénom

quand ses mains s'élancèrent
vers une pelure de pomme de terre

tombée par terre
jetée par un gardien à la gueule de ses yeux

un vieil homme
le retint par son regard et lui rendit la vie

quand ses mains rendirent à la terre
la pelure de pomme de terre

et les yeux du vieil homme
au ciel

où il irait
en passant par le feu
de l'enfer

Aujourd'hui
ses yeux racontent ce jour

où
malgré la nuit

dit cet homme avec ses mains
l'homme fut possible

Je le vois qui voit au loin
les mots

ses mots
qui avancent pas à pas

comme sortis du corps
à la force du poignet et des souvenirs

si douloureux
qu'il lui faut beaucoup de silence

entre chaque mot

je le vois qui ne voit rien
sinon le tout de ce qui s'est passé là-bas

je le vois
comme le les ai vus

ceux qui ont survécu
de là-bas

un seul visage
et plusieurs vies

car plusieurs morts

auxquelles ils ont échappé
par hasard

par chance
à une seconde près

à un homme
à une femme près

quand ils leur ont donné à temps
ce qui manquait

je le vois dans son immense humanité
celle d'où venaient aussi ses bourreaux

MÉLANIE LEBLANC

R résiste
c'est ainsi qu'il sonne
que le son existe
se forme

sans oublier l'air
le passage
nécessaire
R résiste et crée

grâce au R
même le rien
devient quelque chose

en français R
ça gratte ça râcle
donne sa force aux
révolutions

R énergie
de la colère
et du tonnerre

R en finale fait vibrer
amour
art
or

la mort
juste de l'R
dans le mot

R donne air et force aux mots
les fait sonner et résonner

R inscrit
dans la matière

R commence
et recommence

R
remercie

✦

J'observe les végétaux
Ils résistent en se faisant plus petits ou plus grands, en plongeant profond leurs racines ou en s'élevant vers le ciel, en se durcissant ou en ployant, en donnant plus de fruits ou en sortant leurs piquants, en devenant toxiques, en se déguisant, en se parant des plus belles couleurs et odeurs, en communiquant...
Les animaux ont au moins autant de stratégies

Je résiste aussi, comme l'animal que je suis
    en souriant

Le sourire imposé pour me soumettre
Je le retourne contre l'oppresseur
Le sourire masque s'efface sous le sourire intérieur
Sourire du corps de toutes mes pores
Mes cellules s'allument
Dansent dans la joie
En moi tout chante jaillit bondit
Aime

Alors rien ne peut m'atteindre

Ce sourire
    désarme

Le pouvoir nous veut triste
Dixit Deleuze et Spinoza

Chaque jour je choisis la joie

Et ça se fait avec toi
avec toi aussi
et toi là-bas
Avec le végétal l'animal et tout ce qu'on ne sait pas

Dans le Nous la joie grandit
la joie agit

JULIA LEPÈRE

La pensée de te perdre perce en moi un tunnel. Une impasse que j'arpenterai longtemps en allers et retours, faite de bois creux et de mauvais marais, de bêtes furieuses et d'ancres détachées. Je m'y cogne souvent contre des filles sans visage.

Entre nous père,

Ces partitions que nous n'aurons pas su jouer.

Même perdu, même après. À l'intérieur, les seuls échos sont ceux que j'invente.

Les volets clos, avalant ce qui reste
D'alcool ces morceaux de soleil, de sommeil

✦

Les jours déclinent. Les jours ne devraient pas exister. Il faudrait une seule nuit sauvage, jusqu'à la fin des temps. Je jalouse le soleil pour son extrême solitude. Je bois à l'absence, je bois à la clameur des lampes éteintes, je bois à son regard d'ailleurs, à la forêt qui brûle et s'appelle nos mémoires.

Je bois sans m'arrêter, la nuit, le monde entier.

Dans la gorge roulent des cailloux. Les mots se cognent contre une porte verte, aux verrous
Imprécis. Exilée du château, près d'un cyprès manquant, je crie ton nom.

En-dessous de la langue, le ruisseau ininterrompu du sens,

Tari. La même maladie revient par le brouillard, par l'étau d'un étang poussiéreux. Premier étage, deuxième étage. Tu ne reviendras pas, la musique s'est enfuie. La poudre des médicaments

Doucement luit à ton chevet, mais il n'y a plus de lit dans la chambre, la chambre devient immense comme ces terres noires qui s'adossent aux comètes. La nuit intérieure s'est jetée sur moi, la nuit respire sans moi

✦

Où me retourner pour te trouver
La brûlure du langage

Autrement, je ne sais

Père, nous sommes seuls avec nos enfances. Ce qui nous tient lieu de terre

Repose au cœur d'une fable étrange, serpente dans le lit d'un fleuve. Un poème jeté à la face d'un monde qui coule, des pieds coupés dans le sable de l'île perdue. Notre inquiétude au passage des bateaux,

Qui t'emmène à présent, quels havres ont creusé

L'absence sur ton visage

✦

La nuit du père commence
Quelques sursauts, une main courbe
La déchirure d'une tache de sang dans la foule grise
Des verres s'entrechoquent, dehors il y a les bruits des vivants
Entre les jambes du fils

Des marées noires, des étangs fixes. Cela fait plusieurs fois que nous répétons le même geste, plusieurs fois que l'angoisse s'empare de nous de la même manière – nos solitudes, peuplées

D'anges affamés de collines blanches
À chaque fois, le cavalier chevauche et n'entend pas, le père à chaque fois couvre
De son pas les voix

Mein Vater, Mein Vater
Le roi des Aulnes faisait bruisser les feuilles, les filles dans tes cheveux
Et je ne savais plus qui de nous deux
Jouait l'enfant

Sacrifié de forêt

PIERRE LEPÈRE

Le jour vient de se lever derrière mes volets
Sans que je m'en aperçoive je pensais à la mort
Ce qui est proprement impossible aux mortels
Et je pensais aussi sous la lampe gardienne
Aux spectres qui traversent nos vies sans y toucher
À nos chers disparus leurs visages mêlés
Dans la même prière et dans le même espoir
Je pensais que je vais disparaître comme eux
Et tout en finissant mon verre de whisky
Que j'avais noyé d'eau pure comme mes yeux de larmes
Je me suis dit soudain que j'acceptais le terme
Et qu'en ne luttant plus je le mettrais à terre
Il me fallait seulement aimer par-dessus tout
C'était l'impératif catégorique de mon sursis
Et les mots accouraient en foule à mon appel
Comme s'ils savaient qu'une fois encore
Ils me sauveraient du pire dans mon âme et mon corps
Ce dimanche de juin chantonne couleur de tourterelle
Derrière les fentes monotones de mes volets bleu gris
L'été s'annonce qui est la pire saison de ma mémoire
Parce que toutes mes joies se sont faites par lui
Et qu'il est triste de ne pouvoir exulter qu'en rêvant
De jadis sur la grève au bord de l'éternel

Le moi n'existe pas il n'est fait que d'éclats
De rire et de douleur dans le cours du ruisseau
De ces heures vouées à la sombre embouchure
Lorsque mon dernier souffle aura d'une rature
Congédié ce poème où je reste en sursis
Qu'est-ce que la poésie sinon faire ou se taire
Prendre le risque absurde et superbe du verbe
La fantasmagorie d'une légende en herbe
Pour conjurer enfin l'impossible et revivre
Cet amour absolu où j'ai cru rajeunir
Le temps d'une saison d'été parmi les ombres
Mais la loi est la même et que l'on aime ou pas
Il nous faudra mourir je voudrais seulement
Que l'amour et la mort s'accordent en secret
Pour enfanter là-bas l'aurore d'une trêve

Laisse le temps d'avant neiger sur tes regrets
Laisse le tableau noir se plaindre sous la craie
Laisse l'hiver venir au plein cœur de l'automne
Comme la vengeance de la déesse Pomone
À qui l'on a soustrait ses jardins suspendus
Laisse le vent souffler sur tes amours enfuis
Et la vérité nue jaillir enfin du puits
Laisse ton cœur d'enfant esquisser la romance
Que tu n'as pas fini de chanter dans la cour
Vagabond de toujours immigrant de l'amour
Laisse ce ciel de traîne habiller ton sillage
Et laisse ce miroir accompagner ton âge
Avant de se briser en éclats d'élégies
Laisse-toi dériver sur de vagues magies
Laisse-les chaque nuit t'ensorceler un peu
Et ce qui dort en toi flamber clair comme un feu
Ne relâche jamais vigie ta vigilance
Devant la mer amère aux sombres élégances
Embarque pour une île aux ailes déployées
Comme un ange terrestre un ultime foyer
Laisse l'oubli venir à pas de loup-cervier
Ne laisse pas l'été contrarier ton voyage
Vers la rive de rêve au-delà du grillage
Qui se dresse entre ta vie morne et ta liberté
Ne laisse personne te dire comment mourir

SOPHIE LOIZEAU

Arbitraire VI

1.
Longes
Défais tout
Défais envers
Pauvre vulnérante toi
Immisce tes vers
De doigts entre les galets
Si blanche à l'acmé gicle
Charge de la mer face
Déroulée
Vert
Jade
Sempervirente
À l'explosion
Risquée contre la falaise.

2.
Chevalant
Limicole
À toutes pattes sur le gravier
Cette frange blanc neigé le long
De la côte éternel arrivage.

Au bout du compte Grainval
Village sa barre
D'appui contre quoi viens que tout
Toi contre précipite la pente et l'escalier
Conclue la barre et ton torse pressé avec l'envie
De femme à la mer.

3.
Rien de mièvre comme l'émotion
De fait les épines de nos cœurs
Se couchent
Deux abats immangeables mangeables.

4.
Va porter le bruit de pollution
D'encre sorte
Puisqu'il m'heurte beaucoup
Et que je reste déséquilibrée
Les cheveux et la peau de froid
J'ai mieux vu observé la longue
Traîne demoiselle en lamé
Ce pouvoir de la joliesse jeune :
Légende
Oui ce sont bien des choses très pâles
À la lumière
Coccolites déjà craie.

5.
La beauté de mes effondrements
Avec pleurs et surtout bas,
Auto
Mon échine à terre devant sa propre épouse
Une histoire de nerf vague
Déficient
Mains rouges Ma femme
Tu crois qu'elle va carrément dévorer
Sur toi et dîner.

6.
Digère le frère bandant
Les jeux où fascinée
Petite
Coincée
Tellement fascinée
Jamais désincarcérée

De ça
Vision grandiloquente
Hors-cadre
Occulte l'œil rouge
De la télé avec un torchon.

7.
L'as des rêves
Le pélagique et beau reboise
De vieilles haies haïes
Des politiques
Ces types en noir sac à dos
Gâcheurs de promenades
Non plus du Havre
Rutilant à la proue
Je ne veux rien savoir
Qu'on s'en détourne
Trouve la nuit
Et la mer même puits
Inserviable.

8.
Éviction sociale louve
Car elle possède un organe sexuel
Dans la bouche
Un courant d'énergie
Courir napper
Drap de bain géant
Et voilages voilà clairs
Fantomatiques
Peupliers blancs
Bouillards à tronc argent
Débilité de la neige compare.

9.
Paître enfin
D'un summum allant
Ne sachant d'autre

Que le mufle chez moi
Et les vertes molaires
De leur tact prisent
La marée des ajoncs
Les lointains feutrés
De qui la digue :
Baleine
Sous
Crûment *Les Tristes*
Lampadaires de 20 h.

10.

De sédiment que ceci la robe
D'eau lancée vivante
Et rétractile
L'eau de la robe
Sur fond de joie autant.

LISETTE LOMBÉ

Amours, féminin pluriel

Jamais je ne vis bouche fondre sur mon sexe avec plus de fougue que cette bouche-là.

Drapeau d'un nouveau territoire hissé à la vitesse d'un désir pirate.

Imaginez ! Bande blanche du maillot écartée vers la cuisse.

Triangle sur pointe de la toison noire.

Clitoris rosé, gorgé de curiosité.

Imaginez ! Contrastes, nouvelles frontières de la gourmandise.

Langue.

Avalés, comptes à rendre.

Langue.

Avalés, rouge pivoine et rage poivrote.

Langue.

Avalées, échardes dévotes.

Et moi, à l'intérieur,
sous les cicatrices juvéniles qui n'eurent d'autres choix que de s'épaissir pour prévenir nouvelles déconvenues,

Et moi, à l'intérieur,
encore parterre de crocus écrasés par le gel,
que n'aurais-je donné pour que cette bouche appartint à un être
libre de m'aimer et non point seulement libre de me désirer.

Je voulais tout et, sans ce tout, je ne savourais rien.
Passoire d'absolu, goutte à goutte du sujet vivant.

Dans mon dos, déjà, une main dans mon dos, un souffle dans mon dos, un poème dans mon dos, déjà l'Autre Être dans mon dos, pour poursuivre la révolution intérieure.

La bouche sourit à l'Autre être.

La bouche ne connaît pas la jalousie.

La bouche ne connaît pas les chaînes.

La bouche n'a pas peur de la multiplication des bouches,
pas peur de la multiplication des chairs.

Et l'Autre Être renchérit et l'Autre Être applaudit dans mon dos et l'Autre Être dit qu'aimer en dehors de notre amour ne nous enlève rien, qu'il faut plonger, qu'il faut jouer, qu'il faut avoir confiance, qu'il faut vivre.

Faut voir comme ils s'entendent ces deux-là, la bouche et l'Autre Être.

Et moi, à l'intérieur,
en tâtonnements, en tentatives de me retrouver,
Et moi, à l'intérieur,

bijou égaré, à deux doigts de l'orgasme garnement,
bijou égaré, je tremble.

Comme trop de lèvres pour une seule vérité.
Comme trop de lèvres pour ne pas dévoyer définition de l'amitié.
Comme trop de lèvres pour le mot liberté.

KRISTELL LOQUET

Écritures errantes

> « Vous savez bien peu ce que c'est que le monde,
> repartit don Quichotte,
> puisque vous ignorez les miracles
> de la chevalerie errante. »
>
> Cervantès, *Don Quichotte*,
> Partie I, Liv. IV, Ch. XLII.

Quand Jean-Luc est mort, le 25 juillet 2022, j'ai cru que le monde s'arrêtait, que le néant s'abattait sur moi, que la vie ne serait plus possible. Qu'il n'y avait aucune résistance envisageable à opposer à la mort, à son caractère définitif, insécable, irréversible. La mort était venue, là tout près, pour m'enlever mon aimé ; la mort comme un grand tout impartageable et intraversable. Un mur sans fin. Un moulin à vent inattaquable.

Je me suis alors demandé ce qui était le plus réel : la vie qui continuait malgré la mort de Jean-Luc, ou bien la mort dans toute la puissance de sa non-fiction ? Dans quel réel me situais-je ?

Je me suis encore demandé comment résister à cette *non-fiction*, et comment – de fait – je résistais. J'ai pensé que si Don Quichotte combat des moulins à vent en étant intimement convaincu qu'ils sont des géants, c'est précisément pour faire du réel et de la mort des puissances à sa mesure, à la mesure de son imagination, et les faire entrer délicatement dans la promenade de sa vie aventureuse. Don Quichotte fait entrer la mort à chaque instant dans son existence, par touches, par coups successifs portés sur les moulins aux ailes de géants, ou encore par la grâce d'un bassin de barbier qu'il prend pour le casque enchanté de l'invincible Mambrin. L'outil qui conditionne sa position dans l'existence, la véritable arme de Don Quichotte, c'est la magie des mots, l'enchantement de l'écriture. En croyant aux pouvoirs sans limites des *écritures errantes*, le chevalier à la Triste-Figure – et par là même son auteur, Cervantès – résiste au réel et à la mort pour leur enlever de leur prosaïsme, de leur dureté, de leur contondance.

Je m'imagine que résister à la mort et à la séparation qu'elle provoque, c'est vivre avec elle, c'est l'introduire, la répartir, la distiller dans ma propre vie, dans les fêlures du vide laissé par l'absence de l'être aimé. Pour parvenir à la refuser comme un pur néant, à la refuser comme un événement extérieur et totalement étranger à ma vie commune et si vivante avec Jean-Luc, pour que la mort ne soit pas la nuit du jour de notre vie, la mort de Jean-Luc et ma propre vie qui persiste doivent se rejoindre et se mêler comme la nuit et le jour échangent leur place continuellement sur la surface de la terre, formant une boule indissociable où il fait tantôt jour de ce côté de la terre et nuit de l'autre côté, et inversement.

Jean-Luc avait un curieux rapport à la mort : elle était toujours tenue très à distance dans un futur flou et lointain. Car c'est l'instant qui nous projette toujours vers son au-delà et non vers son terme. Mais en même temps, la mort lui était toujours très proche dans le présent suspendu et cyclique de son écriture. Comme si, en écrivant, il transformait son être en un réceptacle pour y accueillir la mort. Jean-Luc Parant ne laissait pas de répéter qu'en commençant à écrire il avait immédiatement remarqué que JOUR et NUIT comportent le même nombre de signes. Cette égalité entre ces deux mots fut le point de départ des comptes du nombre de signes de ses textes, qu'il pratiqua minutieusement pour titrer ses premiers livres : *351 560 petites boules les yeux ouverts et les yeux fermés de la main droite et de la main gauche*, *Les yeux CIII CXXV*, *Les yeux MMDVI*... Compter et raconter font partie du même mouvement, de la même énergie. C'est d'ailleurs une même étymologie qui les relie : du latin *computare* (« calculer, compter, prendre en compte, énumérer »), d'où, par glissement de sens, on obtint « conter, raconter », en latin populaire. Compter nous civilise. C'est le sens du compte des cinquante jours qui suivent Pâques jusqu'à la Pentecôte ou des divers comptes qu'on retrouve dans d'autres religions : une manière d'ancrer dans le temps notre relation à la mort et à l'au-delà. Jean-Luc *comptait* et il avançait dans le temps qui transforme ; il *contait* et il s'appropriait la mort. Le temps et la mort sont liés par le compte et le conte qui ouvrent au cheminement et à la métamorphose.

Compter ouvre aussi au temps du sommeil. Nous comptons les moutons, en imaginant qu'ils sautent par-dessus des barrières, pour nous permettre d'entrer dans la nuit et d'y trouver le sommeil. Cela me fait à nouveau penser à Don Quichotte. Son fidèle écuyer Sancho Pança raconte une histoire de chèvres qui sont transportées par bateau par un pêcheur, une par une. Sancho demande à Don Quichotte de tenir précisément le compte des chèvres passées par le bateau pour passer d'une rive à l'autre du fleuve ou du lac à traverser. Sinon le conte s'arrêtera *tout net*. Mais le chevalier Don Quichotte, d'abord attentif, finit par oublier de compter les chèvres du récit de son écuyer Sancho et ce dernier s'arrête alors tout net de conter son histoire... Tenir le compte des chèvres c'est tenir tête au réel et à la mort, c'est leur opposer la résistance du temps qui se prolonge. Oublier de compter c'est laisser la possibilité au réel et à la mort de s'abattre à tout moment sur l'imaginaire d'où le temps s'est échappé.

« La vie est l'ensemble des fonctions qui résistent à la mort », écrivait le médecin Xavier Bichat dans cette formule devenue célèbre. Vivre consisterait alors à résister à la mort, à lutter en permanence, dans le cours ordinaire de l'existence, contre cet élément constamment présent et menaçant qu'est la mort. Il faudrait pouvoir interroger la mort chaque jour, lui demander des comptes sur la vie qu'elle surplombe. La faire descendre là dans la vie quotidienne et banale pour mieux l'y dissoudre.

1, 2, 3 : la mort, es-tu là ? 4, 5, 6 : où sont tes abysses ? 7, 8, 9 : cinquante ou quarante-neuf ? 10, 11, 12 : me laveras-tu de mes doutes ? 13, 14, 15 : je te singe...

Les athlètes des jeux Olympiques racontent ce même rapport au compte et à la mort. J'en ai entendu certains dire qu'ils étaient « morts » quand le compte des points se fut arrêté en leur défaveur. Ou bien qu'ils étaient « revenus d'entre les morts » en revenant au score, c'est-à-dire au compte.

Revenir d'entre les morts c'est aussi revenir au conte. Don Quichotte aurait dû mourir mille fois sous la plume de Cervantès. Mais il renaît à chaque chapitre, invincible. J'ai l'impression de mourir à chaque fois que je pense à l'absence de Jean-Luc – le compte de ses jours s'étant arrêté définitivement –, mais de revivre et de le faire revivre sous mes doigts à chaque fois que je le raconte – le conte/compte des signes prolongeant ma mémoire, mon imaginaire et son être. Conter permet de penser la vie et la mort ensemble. L'écriture, la vie et la mort forment pour moi le compte trinitaire d'une figure aussi pointue et magique que l'est la lance de Don Quichotte.

Je repense à une anecdote qui remonte au début des années 2000. Jean-Luc et moi étions en voyage dans le Piémont pyrénéen, à Saint-Girons, non loin de la maison qu'il avait habitée en Ariège et dont il venait de déménager. Il y avait dans cette petite ville un magasin de brocante où Jean-Luc aimait débusquer des livres. Il y avait acheté une encre du peintre de la fin du XIXe siècle, Léon Fauché, qui représentait Don Quichotte de la Manche armé de sa lance et chevauchant son fidèle Rossinante ainsi que son écuyer Sancho Pança surmontant son âne, tous deux de face, défiant fièrement moulins ou regardeurs. Léon Fauché, artiste aujourd'hui oublié, fut un ami de Steinlen, de Gauguin, de Renoir et de Toulouse-Lautrec. Il exposa d'ailleurs avec certains de ces peintres. Jean-Luc avait acheté cette gravure sans grande valeur ni réelle beauté simplement parce qu'il aimait la belle figure de l'idéaliste, généreux et courageux Don Quichotte de la Manche dont je sais que mon aimé avait au plus haut point les semblables qualités. Je l'avais, à ce titre, affublé d'un sobriquet qui, lorsque je le prononce, inspire et expire encore toutes les syllabes de mon amour : *Juanito de la Mancha*.

CHRISTOPHE MANON

1.

voix dont je me souviens commencent
et recommencent à tomber je peux
les entendre encore tomber et tomber
encore et l'air tout à fait calme au-dessus
l'air au-dessus tout à fait calme constellation
de signes du fond des temps un souvenir
scintille et se met à vibrer peut-être
étions-nous main dans la main nous étions
toi et moi vacillants sur le seuil de la nuit rien
que l'étreinte à travers nous des ombres
voix sans paroles entre toutes à jamais
sous les décombres ruisselle à jamais plus
près cette lumière des années si vive que notre
amour dispense et des visages perdus belles
ombres de silence lambeaux de souvenirs
flottant parmi les tombes restées à nous
attendre les seules ensevelies au mitan
de la nuit d'oublier désormais les joies
qu'elle ne reviendra pour aller jusqu'à
toi si douce parfois parmi tant de soleils

2.

aussi longtemps que je peux c'est-à-dire
nous étions-nous nulle part c'est le même
oublié d'un souvenir que sont-ils devenus
à présent si seulement seulement parmi
toutes les splendeurs à chacun d'entre
nous plein d'une autre mémoire de la même
caresse à nouveau je ne reverrai plus la première
c'était la toute première de lumière en arrière
ébloui dans tes bras nous étions peut-être
est-ce toi qui suis parvenu tout autour et puis
s'en vont au-delà dont je ne me souviens
-toi mais où étais-tu aujourd'hui avant d'être
où que je sois reviendront tout ce temps dans
le noir vers le ciel des visages ou de simples
nuages j'aurais tellement mais déjà est-ce
que nous n'étions combien plus que tout
tellement j'aurais tant voulu sur tes encore
plus près de toi s'en est allé oh dis-moi
mais veux-tu bien s'il te plaît qu'ils sont
morts à présent immobiles hors du temps

3.

jadis ou bien demain de ta voix claire
encore s'élançait dans les siècle sans fin
ne cesse oh mon amour dit-il et à jamais
pour le reste si fort d'une autre vie durant
toutes mes rêves c'était à peine le même
hier dans la même lumière sans un adieu
loin d'ici mon amour dit-elle où serions-nous
depuis longtemps partis ce qui ne peut être
dit que je t'aimerai toujours ne sera
de nouveau de désir à cet unique instant
comme si comme autrefois était aussi
présent que jamais dans tes bras dit-il
s'effacent un à un cette grâce quoique
de vivre sur tes lèvres comme de vieux
souvenirs que des temps douloureux
suis venu jusqu'après rien qu'avec toi
peut-être tu ne reviendras-tu en un lent
à venir où nous n'étions-nous maintenant
ne s'y trouve pas pourquoi s'en est allé
derrière nous a laissé déjà même oublié

GUILLAUME MARIE

Traité de maths

Traite-moi de mathématiques
fondamentales
de maths
pures

Traite-moi de mathématiques en neuf sections
fais-moi contenir tous les restes chinois
fais-moi résoudre les congruences

Laisse-moi devenir ton anneau d'entiers
ton anneau commutatif intègre
ton anneau euclidien

Traite-moi d'arithmétique
modulaire

Traite-moi avec équipollence
et formons de nos bras
des carrés cartésiens

Traite-moi d'algèbre
que je sois ton produit
que tu sois mon vecteur

✦

Sois ma suite d'éléments de X
admets une valeur d'adhérence dans X
admets une sous-suite qui converge vers un élément de X

Sois l'endomorphisme d'un espace vectoriel de dimension finie
annule ton propre polynôme caractéristique
sur mon corps commutatif
quelconque

Sois mon entier naturel supérieur
ma matrice carrée d'ordre n
ma variante

Sois ma loi limite
converge faiblement vers F
à la condition que F soit une fonction de répartition

✦

Montre ton polygone je voudrais vérifier
si l'on peut mesurer
la bissectrice d'un angle
sur une demi-droite

si tout point
celui-là
de cette bissectrice
celui-ci
est effectivement situé
là aussi
à égale distance
même ici
des côtés élargis
ou là
de ton angle
merci

✦

Traite-moi
de substitution
et d'équations algébriques

Traite-moi
de géométrie projective

please

Traite-moi
de lignes du premier genre
expliquées par une méthode nouvelle

Traite-moi
de dynamique
de Jean Le Rond d'Alembert

s'il-te-plaît

✦

T'en connais un rayon je le vois à ton air
concernant les figures qu'on peut former à deux
et les ronds qu'on module avec le nombre π

mon compas devant toi connaît pas de répit
mon équerre est active à mesurer ton aire
mon rapporteur se cale à l'angle entre nous deux

à un moment j'oublie combien font deux et deux
si mon calcul est faux je crois que c'est tant pis
je m'abandonne entier au rituel 2πR.

EVA MARZI

Écriture d'une vague

Qu'on me dise pourquoi
la mer court
d'une vague à l'autre
pourquoi je n'arrive jamais
à la suivre
Nos cœurs
malmenés par le ressac
heurtés l'un à l'autre
Pourtant
il n'y a aucune colère
dans cette mer
mais tout l'équilibre des vagues

La plage
arrive aux pieds de la mer
complètement nue

✦

Avant de partir
une vague a pris le temps
de rassembler ses embruns
Tu me trouves au détour d'une étoile
fatiguée le visage noir

J'ai traversé des océans de lumière
Mon profil est un vieux littoral
Je ne fais qu'un
avec mon manque de terre
me change en eau

sans permission

Je suis faite
d'une chaîne de jours
pour ne pas mourir

✦

Je lancerai la pierre
aussi légère qu'une parole
La pierre
d'une beauté impossible
à dissoudre

Cette pierre au front écrasé
je lui cherche un profil
Le roc de son crâne
ses yeux effacés

Au loin
une dune me tourne le dos
La lumière est appelée

Ce qui reste de courant
est un espoir

✦

Mes yeux
achèvent leur ronde
Ne reste que mon âme
déposée contre mon corps
comme une vieille côte
où glisse le soleil
C'est maintenant
à l'intérieur de ma barque
que je jette l'ancre

Mer
emporte-moi loin du poème
défais la phrase courte
de ma vie
et le verbe de mon nom
jamais conjugué

FRANCK MÉDIONI

Et forçant le temps à la jonction de soi
venu en pur hasard
il investit l'instant, le satin du soir

✦

Cette parole pourchassée de l'intérieur
pliée, triée, criée, striée
– la poésie

✦

Un monde
qui souffre et se froisse
sous un manteau de cachemire

(d'après Kobayashi Issa)

✦

Entre deux le chemin en évidence
les corps rompus d'un seul regard
le miel n'est jamais bon dans une seule bouche

✦

Un écheveau soudain surpris
relie les stances de l'homme qui lui échappent
– l'amour

✦

Et s'avançant jusqu'où la source s'épuise
il atteint la lumière lisse et plane
tout un monde lointain

✦

Dans la brume qui se déchire
entre chien et loup
soudain c'est ton visage rieur

✦

Il ne se résout pas à la souffrance
rebelle tissé de passages, de mouvements
et s'élève cette plainte des ombres

✦

Et soudain à nos pieds le nouvel été
ton sourire s'avance
– la joie

BLANDINE MERLE

Le jeune homme

À Arthur

— Et toi, jeune homme, que veux-tu faire de ta vie ?
— Scaphandrier-soudeur sur une plate-forme pétrolière.
— Oh ! Tu aimes le travail manuel ?
— Pas autant que le sport.
— Alors c'est le voyage que tu aimes, l'aventure ?
— Je n'aime rien tant que rester chez moi.
— Tu dois, au moins, aimer les eaux profondes ?
— Je les préfère moins froides et plus propres.
— Mais qu'est-ce donc qui t'attire dans ce métier ?
— On peut gagner dans les dix mille par mois.
— Et pourquoi veux-tu gagner autant ?
— Pour être libre.

L'Express (ou *L'Économiste*) aura beau
le représenter ainsi en couverture
d'un numéro qui devait être de printemps-été :
abondamment pourvu de fruits mûrs
à portée très facile de celui
juché sur des billets
qui par conséquent n'a qu'à tendre la main
tandis que l'autre dont les pieds touchent le sol
peut toujours essayer de sauter

non, l'argent n'est pas un arbre

MARIE MODIANO

À Österlen ou bien ailleurs

Le veilleur de nuit nous regardait disparaître
de nous, il ne savait rien
Deux ombres sont montées dans la chambre
dira-t-il à ceux qui lui demanderont.

Giboulées de mai, il faisait froid et chaud
il pleuvait, ventait puis le soleil pointait
ce mois gagnait parmi tous les autres
dans nos mémoires, dans nos cœurs.
En redescendant l'escalier j'ai compté jusqu'à 7
Pourquoi 7 ?
Et non pas 9, 13 ou même 22 ?
On m'avait dit que le 7 portait chance
je ne savais pas si c'était vrai
j'ai voulu essayer.

J'ai écrit des centaines de pages
le thème était *La Liberté*
je ne savais pas où j'allais
alors j'ai tout brûlé
quand le papier s'est envolé en fumée
j'ai commencé à espérer.

Orphelins de nous-mêmes
peines et cris aiguisent nos nuits
l'amour guide nos pas
nous nous reverrons
fais-moi confiance
en Scanie ou bien ailleurs.

Dans les champs
ceux qui mènent à la mer
les phacélies ne pâliront plus
les coquelicots resteront intacts
plus de fin du mois d'août
au creux de cette vie-là
nous nous fondrons dans un dernier rayon
protégés par la lumière d'Österlen
bain laiteux de la joie
sourires des enfants heureux
regards perdus vers les épis de blé
tapis d'or et de rêves.

Sur le chemin du retour
bicyclettes, nez au vent
le clocher de l'église du village
s'élèvera parmi les bois
tel un phare
il nous guidera

Sankta Maria kyrka
parmi tes murs
l'écho du chant du pianiste
effleurant les vitraux
The Long and Widind Road that leads to your door
oui, la route sera longue et tortueuse
mais la petite fille ne s'inquiètera plus de me voir pleurer
je lui dirai à l'infini
ce sont des larmes de bonheur
des larmes de bonheur
et l'été ne finira plus
celui qui mène jusqu'à ta porte
à Österlen ou bien ailleurs.

ANTOINE MOUTON

Un jour je trouve un mur au milieu de ma vie

Un jour je trouve un mur au milieu de ma vie. C'est peut-être moi qui l'ai placé ici. Sur le mur je reconnais des signes familiers, des gribouillis conformes à l'idée que je me faisais du futur, alors c'est sans doute moi qui l'ai construit. J'ai tout fait pour qu'au milieu de ma vie, un mur se dresse. J'ai œuvré dans ce sens. Droit dans le mur j'ai vécu. Depuis le début, je m'efforce de l'ériger à distance, pour qu'il m'arrête enfin, à mi-chemin. Depuis toujours je pense que la moitié du chemin pourrait tout aussi bien être la fin. Je finis toujours mon assiette, mais je pourrais aussi bien décréter qu'une demie-vie suffit. Si je ne suis pas libre de penser ainsi, la vie ne m'intéresse pas. La vie ne me va que parce qu'elle pourrait s'achever. Il n'y a pas de durée idéale pour ma vie, alors qu'il y a une quantité de nourriture parfaite pour mon assiette. De toute façon je mange tout ce qui s'y trouve. Mais pour la vie c'est différent, j'en laisserais bien un peu, il y a à boire et à manger. C'est pourquoi j'ai posé ce mur au milieu. Pour ne pas voir tout ce qu'il reste à vivre. Pour ne pas me laisser obséder par la somme des années à venir. Pour mieux considérer toutes celles qui sont déjà passées, et peut-être : les revivre. Face au mur de ma vie, revivre le passé par la pensée, les souvenirs, le rêve, la parole, les récits. Inventer le récit du passé. Le regarder droit dans les yeux. Avoir une histoire. La perdre. En faire une autre. Une autre histoire qui contiendrait la perte de la première. Se détacher du temps, entrer dans la durée. Flotter par-dessus la vie. Pas dedans comme dans un bocal. Pas se laisser entraîner par les courants. Poser un rétroviseur à côté du cerveau. Un épouvantail dans le corps, pour que les fantômes s'enfuient. Et traquer les voix dans la voix, les détourner. Et dire ce qu'elles diraient si on les laissait faire. Et faire ce qu'elles oublient de dire.

Il y a des années que j'ai traversées sans les vivre. Je collectais des pierres pour le mur au milieu de ma vie. Je voulais désigner l'impossible. Et dire : ça ne passe plus. Halte là ! Halte là au milieu de la vie ! J'ai trouvé quelque chose. Et ça ne passe plus.

Savoir ma vie par cœur.
Tout faire pour la retenir. Puis l'oublier.
Et ne plus jamais me retenir de vivre.

La peau du poème

Je voudrais fabriquer une question accueillante.
Comme un hibou
qui invite sans cesse à répondre : hou, hou
depuis son trou
dans le réel d'un arbre.

Je voudrais poser un problème large et vaste
dans lequel on pourrait dormir ensemble.

Et m'enrouler dans l'oreille grise d'un éléphant.

Je voudrais dire chaque jour le même mot, et observer l'infime mouvement qui le broie, le déplace, le condamne ou le sacre. Lancer ce mot à travers un récit pour voir ce qui lui arrive d'inattendu. Comme il se plie, comme il résiste, se modifie. Je porte un nom. Je le porte à travers la vie. Je lui en fais voir. Je voudrais porter un mot de la même façon, avec la même constance, la même indifférence.

Un jour un mot sort de sa définition. Jusqu'où va-t-il ?

Par l'écriture,
je voudrais me débarrasser de la honte
pour me charger de la douleur.
Rétablir les circulations d'une peine à l'autre
– qu'une tristesse vienne en éclairer mille autres.
Et qu'aucune douleur ne s'impose contre celle des autres.
Qu'aucune peine ne cherche à se hisser sur la pointe des pieds,
comme un ministre trop petit.

Un poème comme une cicatrice
qui rétablirait le contact
même fugacement
entre le monde et soi.

Un poème impossible
où retrouver l'accord
où refaire la jonction.

Poème une autre peau
d'autres plaisirs, douleurs, rencontres.

Poème par-dessus la peau
pour essayer d'aimer encore
surmonter l'aversion.

Dissidence du désir qui fait retour.
Résistance de l'amour que rien n'éteint.

Seule peau que j'aime : poème.

JULIE NAKACHE

Dans la maison
25 rue de l'Aurore
Jimi Hendrix ou Frank Zappa
tournoient
Une voix s'élève entre les murs
Je ne suis pas un poète
mais un poème inachevé
Elle parle de désarroi de risques de rêves et de pluie
elle dit à mort les bourgeois
25 rue de l'Aurore
des sexes grotesques
des moisissures de citron
des coupures de journaux
des verres d'alcool
de la fumée de marijuana
le poème s'écrit au 25 rue de l'Aurore
son écho traverse les toits et
le ciel porte son visage.

À la folie passionnément
tu voudrais te démêler t'outrepasser
attendre le printemps pour t'offrir aux révoltes
À la folie tu voudrais dériver équarrir le réel
ne jamais accoster
ouvrir grand les fenêtres
aux heures où la nuit appelle
dans le qui-vive du sommeil
tu voudrais le frisson le cri
le hors soi le hors la loi
les garçons les filles les mauvais jeux de mots
la langue menacée
entre les lèvres de l'aube
tu voudrais perdre la raison
flâner dans un poème de Patti Smith
et lire *Une hécatombe et une chaise*
en hommage à Bolaño

NIMROD

D'air et de miettes

Combien de fois devrais-je me dire, comme à chacune de mes sorties il y a encore un an : « serai-je rétamé à mon retour ? » Mon corps change et je revis l'urgence qui jadis soutenait mon cœur et mes vœux. Ils renouent avec mon enfance, quand les dieux s'épandaient, doucereux, autour de moi.

1

D'où te vient ce souffle, toi qui inhales la poussière comme le serpent naguère condamné par le dieu, et qui cependant perfore le ciel sous tes yeux interdits ? Y a-t-il une terre là-haut, une poussière fine, amoureuse ? Car je ne marche pas sur le sol qui pas après pas se dérobe sous mon haleine. Je piétine une farine dont la douceur m'achève.

2

Que vont-ils chercher sous l'azur, là-bas, sous la poussière que soulèvent leurs pas, légers à chaque pas pour mériter une allée (une contre-allée) que l'infini ne mérite pas ? Que vont-ils chercher là-bas où il n'y a rien ? Rien que la poussière des ans ?

Ils cherchent une maison que la sécheresse trouvera debout comme la terre quand on la maçonne pour ce qu'elle est. Une maison qui toujours reverdira. Une grande maison à sa manière.

3

Pourquoi je marche ?
Pour oublier le temps
oublier qui je suis

me fondre dans l'air
où je hasarde cette question
pour qu'elle reste en suspens

L'air connaît la réponse entre toutes inespérée
mais qui connaît l'air ?
Il assure la jonction entre le ciel et le souffle
le feu et ce bâillement d'avenir hors de moi

4

Le vent s'est dissout, la poussière l'a recueilli
en son sein, aussi loin aussi profond.
Car la terre t'appelle, l'humus
des êtres et des choses qui ornera
de sécheresse l'herbe et la fleur.

Il y a des gens qui regardent le vent   le vide dans le vent
— c'est inouï d'y habiter avec des habits miteux
si l'on consent au bonheur qui circule
à l'étroit de nos veines.

5

La clairière est l'ange gardien
qui ira trouver là-bas les bergers
avec des champignons à ras de terre.
Et le ciel qui sourit au-dessus de ma tête
est aussi le berger des plantes qui ont
en partage quelques déshérences

Et le vent revient   vent sur vent
Il bouge dans sa clairière
et un vieux berger le regarde au tympan de l'arbre
survenu tantôt pour que le ciel ait contenance
de tous nos vœux   toutes nos limites
à ses branches offertes

6

Les défunts ces fantômes qui par le chas
de l'aiguille rejoignent là-bas la clairière
que leur désigne le bâton d'un pasteur peul...
je n'irai pas. Et la dérive des nuages ou celle des anges,
peu me chaut : j'ai épuisé mon attrait des choses divines.
Faut-il encore l'appeler espace la grande
étendue de soif de soleil d'alcool ?
Il me cogne de son poing d'outre-tombe.
Une éternité d'effroi le souligne.
Il n'a d'herbe qui vaille, et l'hivernage
est arrivé à son terme. J'entends encore ses oiseaux
de blancheur estivale et d'aigue-marine
qui savent si bien nous coiffer aux premiers frimas.
La verdure flamboie à trois cents mètres de là
qui accentue la poussière rose des feuilles sèches.
L'arbre vert en est fort pourvu. Un printemps
d'ambre a vécu, qui désigne au ciel l'inconnu
où paissent les âmes. Elles n'ont besoin de pasteur
ni de pas qui consignent l'errance.
Le soleil nous en distrait par un incendie
de traîne et d'argent pur.

7

J'ai atteint ma jauge de croissance
l'herbe m'entoure d'une collerette d'air
au-dessus au-dedans du lieu où je me tiens
toute contenance abolie

Elle me confère un nom dans l'innombrable

(Je désire le savoir qui augmentera mes mérites de pasteur et mes connaissances d'initié.

Koumen, texte initiatique des pasteurs peuls,
par A. Hampâté Bâ et G. Dieterlen)

JAMES NOËL

Je suis une fille de Port-au-Prince

Je suis une fille de Port-au-Prince
un garçon manqué peut-être
dans cette ville tatouée de balles
gangrenée de gangs
de fossoyeurs d'étoiles
rapides au grand gâchis de la gâchette
ils tuent le temps
à manger l'autre dans un éclat de rire
il n'y a plus de frontière
entre le jour et la nuit
plus de frontière
entre le blanc et le noir d'un regard
passez-moi le fait
d'être limite
tous les chemins
mènent à l'éclipse
c'est black-out dans le cœur mâle du soleil
black-out dans le jaune d'œuf
l'aveuglement dans le black-out sans borne
je suis une fille de Port-au-Prince
un garçon manqué peut-être
dans ce pays décapité
où les ombres dansent sur la tête
pour singer le rêve des toupies
et les sept couleurs du sang versé
à l'endroit
et à l'envers
c'est mal barré pour l'horizon
les fossoyeurs nous parlent d'avenir
ils ont quartier libre et carte blanche

passez-moi le fait
d'être limite
je suis une fille de Port-au-Prince

NICOLE M. ORTEGA

Les dents de ma mère

Extrait

Dans mon rôle de petite épicière
derrière mon castelet
architecture éphémère des conserves, cartons et rouleaux
de papier cul
je regarde les gens
leurs visages
leurs vêtements
leurs chaussures
je me concentre sur leurs courses
et je sais déjà ce que les plus habitués vont prendre selon les jours
de la semaine j'arrive à savoir s'ils ont de la visite
et si la visite est importante ou pas.

Je me concentre aussi sur leurs bouches
je zoome les dents
toutes ces dents qui me sourient et qui parlent de foot
de dictature et de chômage
en faisant ses courses à l'épicerie
danse macabre de dents prolétaires à l'heure du thé
les dents de mes voisins
leurs sourires, tordus, vécus, maltraités, négligés
quand ils demandent 200 grammes de sucre, trois tranches
de mortadelle et un sachet de thé pour nourrir une famille tout
entière
je regarde ces dents
et me demande qu'est-ce qu'il cloche dans ce pays
je regarde ces dents sans gêne, c'est plus fort que moi
comme si je faisais un gros plan de cinéma
c'est de la pornographie
je suis voyeuriste derrière le comptoir de mon épicerie

le sourire de Pascual impeccable
el Maricon de las Lomas
celui de la tia Myriam troué depuis toujours
celui du tout minuscule enfant qui vient chercher des chocolats
à l'unité
nécrosé depuis sa naissance
né avec des dents mortes dans sa bouche
le petit Marcos
il est né avec des dents mortes dans sa petite bouche minuscule
d'enfant de favela
comme si naître pendant la dictature nous avait contaminés
on est des zombies, avec les membres fantômes de ceux qui
détruits tombent d'un avion dans les infinies prairies de la mer
chilienne
le dentier en plastique du vieil alcoolique remue comme une
limasse pendant qu'il me parle
pendant qu'il me demande du pain en plein délirium tremens
pendant qu'il parle des anges qui lui tiennent compagnie la nuit
les dents du voisin, père de 5 enfants, jaunies à force de mauvais
tabac, qui me parlent de beaucoup trop près,
draguent.

Je remarque les bouches de fillettes enceintes
de toutes ces fillettes enceintes
des fois plus jeunes que moi
je regarde leurs bouches et celles des bébés accrochés aux tétons
et agrippés aux hanches généreuses
l'exubérance de cette jeunesse prolétaire
détruite
décadente avant même l'avoir vécue
ces bébés affamés de vie et démocratie
suçant leur lait à l'épicerie, leurs minéraux, leurs trop peu
de vitamines
faisant succomber leurs dents encore jeunes
elles qui étaient si belles l'été dernier
n'ont plus de dents
ils s'échappent de leurs bouches
comme si la pauvreté faisait fuir les canines

comme les pères, les amants, les amours
comme si la précarité empêchait de construire des ciments pour
que elles puissent vivre longtemps
les dents
les dents prolétaires qui fuient les bouches affamées
comme des immigrées qui traversent les frontières et tombent
des jeunes femmes si belles et déjà vieilles comme leurs mères
avec des petits enfants vieillis par la peine et la misère
fils parfois de leurs grands-pères
des fils-frères
accrochés aux seins
dévorant la vie des belles femmes du quartier
leurs entrailles
leurs avenirs

JEAN-PIERRE OTTE

Crée tes anticorps

Ce sont des temps mauvais qui n'en finissent
pas de se plisser et se replisser sur eux-mêmes.
Des vents délétères soufflent sans trêve
sur les crêtes et les combes de la terre.
Ce monde est malade au dernier degré
et nous souffrons du même mal,
nous à nous-mêmes vilainement substitués.
Les oiseaux de mer reviennent des confins,
les plumes tachetées de roséoles.
Ne te fie à personne, crée tes anticorps.

Voilà le théâtre contemporain où l'esprit
s'étrécit sans plus avoir de tanière ni de répit.
L'espoir est au large et l'âme en prêt-à-porter.
Ce monde est une cabine d'essayage
où les miroirs s'entre-reflètent.
C'est un autre que l'on aperçoit dans la glace,
le même autre que les autres aperçoivent aussi,
le même autre multiplié, tant d'autres
qui s'imitent, se contrefont et se copient.
Ne ressemble à personne, crée tes anticorps.

De partout arrivent les disgracieux,
les endettés et déficients, dépourvus de talent,
hommes sans caractère ni appartenance,
à l'ère du cynisme et de la médiocrité sublimée.
Ceux-là, incontinents, de plus en plus
nombreux au milieu des vergers dévastés
(les oiseaux de passage meurent en eux-mêmes),
insultent la vie, injurient la beauté,

crachent sur le corps scintillant des rivières.
Ne sois pas de leur espèce, crée tes anticorps.

Otages de l'indifférence généralisée,
ils se sont fixés à demeure dans la routine,
la fixité même qu'ils imposent à la vie,
l'invariabilité des apparences ravalées.
Les ornières se creusent, l'esprit est vicié,
le cœur corrompu ; l'œillère est obligatoire.
Viendra-t-il un songe qui n'aura
plus les dehors du mensonge,
une transparence qui sera sans traîtrise,
une nuit étoilée qui accouchera d'un jour neuf ?
Dans l'attente de rien, crée tes anticorps.

L'âme s'assèche et les chemins
s'achèvent dans un avenir si proche
qu'il est du présent de nos gestes défaits,
de la disgrâce des regards sales,
ces regards qui se rassasient
de la mauvaiseté et des plaies suppurantes.
Le sentiment d'être en vie est en dissolution.
La mort expose à l'encan ses fruits astringents
et les lèvres se serrent sur les syllabes du rance.
Sans différer davantage, crée tes anticorps.

Tu es vent debout, résolu, dégourdi,
marchant à rebours, intransigeant
jusque dans le repli de ta propre estime,
sans jamais au grand jamais présumer
de ce courant sans coupure qui te traverse,
de part en part comme le vent du large
sur le fleuve Alphée couleur d'absinthe.
Les femmes ont égaré l'énigme,
la charade même du désir et de la chair.
Dans la pâleur des lampes à l'aurore, recueilli
au creuset de toi-même, crée tes anticorps.

Heureux es-tu d'être sans chimères,
sans escompter d'innovation qui ne serait que
la répétition de la même pièce sans cesse rejouée.
Tu optes pour l'oisiveté luxueuse, la vie poétique
et l'opportunité fertile de l'inutile.
Tu salues la beauté effilée des lys,
la nuit proche et profonde avec
la joaillerie des étoiles en circonvolution,
ainsi que les feux arrière à la poupe
des grands bateaux de traversée.
Le regard vers le large, crée tes anticorps.

SARAH-LOUISE PELLETIER-MORIN

arc de feu

I.

la suite est un arc
un arc de feu
qui divise le monde

II.

tu fais feu de tout bois. tu sais que la rage se distingue de la colère, car contrairement à la colère la rage n'a pas de destinataire. tu chéris chacun de tes cris intérieurs. tu sais qu'ils fécondent tes désirs.

III.

comme le temps qui adoucit le bois, l'attente incendie tes désirs. tu descends dans le jour en cendres. le soir éteint chacune de tes flammes. ta corrosion est brève durant les mois sans soleil.

IV.

À Jasper, les feux de forêt ont rasé 40 000 hectares de forêt, de maisons, de commerces, de jouets d'enfants. Rien n'a résisté, sauf une rangée de fleurs, sur Wynd Road.

V.

mes refuges sont ovales et pairs. mes refuges sont d'enfance et d'hiver. pour me calmer je ne pense pas à la plage, je pense à un sommeil profond. dis-moi où se situe la limite de la transparence.

VI.

L'envers est une mère
à qui l'on a dit
qu'elle était le monde
on l'a retrouvée
déguisée en oiseau
volant au-dessus
d'un lac rouge
on a aussi retrouvé
six corneilles sous son lit

SERGE PEY

Vertige

Pour Lev Rubinstein

C'était son habitude
Chaque dimanche matin
avec une allumette neuve
il enlevait les vertiges qu'il avait dans les oreilles

Il entendait la chemise d'un ange craquer
sur l'étendoir
ainsi que le raclement de gorge
du chien le prévenant
de l'arrivée d'un papillon
entré par la fenêtre

Maintenant alors qu'il nettoyait
sa seconde oreille
et en extrayait patiemment
le vertige qui restait
il regardait la tête d'un enfant
que la lune avait pendue
à une antenne de TV

Pour comprendre le monde
il nous faut loucher
En nous voyant double
nos yeux révèlent que nous sommes plusieurs
à remonter des précipices
Nos pieds vomissent entre leurs orteils
Le silence trébuche contre deux paroles
qui ne s'arrêtent pas de tomber

Nous plumons un ange qui n'a qu'une aile
sur son dos comme un gouvernail

Si on regarde un moustique
à la loupe il ressemble à une licorne
et nous revêtons notre plus beau costume
qui sèche sur l'étendoir
pour le faire vomir avec une épée

Qui du chat ou du toit
tombe le premier lorsque le ciel se suicide
et attend un accident de lumière ?

Parfois le pain
a envie de devenir une éponge au milieu des seaux d'eau
et prépare un couteau dans la lumière

Nous tombons pour ensuite remonter
car la poésie n'est qu'une histoire d'élastique
qui se casse à force d'avoir été tendu
et nous crève un œil qu'on ne connaît pas
au milieu de nos yeux

PAULINE PICOT

Je viens vous annoncer qu'il reste
Sept poissons dans la mer
Dix-neuf euros pour la fin du mois
Cent trois maisons en feu dans le paysage
Mais qu'il reste également
Huit mille combinaisons de nos corps
Les possibilités sont donc encore
Relativement ouvertes

✦

Je voudrais mourir dans un endroit gratuit
Sans menu affiché sur la porte
Sans activité poterie
Sans voisins qui délirent
Sans couloir blanc nauséeux
Sans papier à signer pour sortir
Dans un endroit calme,
Où personne ne s'affaire à sauver personne
Où chacun accomplit amoureusement ses rites
Où l'on joue aux échecs dans l'herbe molle
Sans s'occuper des gens qui partent
Ou qui arrivent
Un endroit ouvert
Où l'on entend les bruits qu'on affectionne
Où l'on porte à sa bouche les goûts familiers
Où chacun comprend ce qui arrive et le fête
Par quelque suprême paix tout à coup gagnée
Où les vivants font des siestes tranquilles étendus au-dessus des morts
Où les morts rassurés sentent peser sur eux le corps chaud des vivants
Et les âmes de tous commencent des parties de pétanque
Avec des rires de vent frais

✦

Quand n'y a plus
Moyen de comprendre
Ce qui cauchemarde
Dans le réel
Il faut se coucher
Avec les animaux
Et dans leur masse respirante
Se faire pardonner

✦

À la caisse d'Action.
Le père a acheté un jouet à son fils.
Le jouet défile tout seul sur le tapis.
L'enfant : Papa, tu n'as pas beaucoup d'argent ?
Le père regarde son fils
avec un glissement de terrain dans les yeux.
Le fils regarde son jouet en plastique assemblé au Bangladesh.
Je les regarde.
Je tends mes mains vers le plafond sale.
Des cuivres se mettent à jouer.
Je garde les mains tendues, doigts tendus vers le plâtre.
D'autres instruments viennent compléter l'orchestre, crescendo.
Je tends tellement les mains que le plafond s'écroule et des trombes d'or se déversent sur nous, des bijoux, des pierres précieuses, des lingots, l'orchestre joue forte, se répandent sur nous de la poudre de diamant, des pépites, des diadèmes, l'orchestre joue fortissimo, ça ne fait pas mal, nous rions, nous crions de joie en shootant de partout, le trésor a recouvert le jouet de plastique, coda.

PIERRINE POGET

Elle assemble de longs bagages : soir après soir, le sac se retourne, lui échappe, désobéit ; à peine entrés, les effets en ressortent – appelant sans fin d'indispensables compléments qu'elle ne possède pas.

On lui demande de ne pas fermer sa porte :
– Je laisse toujours ouverte ma cellule.
est sa réponse.
– Quand je mords.
On la prépare à l'insomnie.

Cinq nuits. Un jour. Des bras la serrent un peu fort –
couchée. Elle fait sous elle.
– Laissez-moi distinguer une dépendance d'une joie.
Puis il y a du pain, une lettre, quelque chose d'aimable
sous la porte – et des fleurs aussi ;
sa joue qui ressemble à un fruit.

Vouloir est une torture.
La mer est blanche, éblouissante.
– Les vôtres vous trahissent, toujours.
La pupille se referme.
– Quoi donc ?
– Je ne sais pas : mais ça n'est pas vrai. Pas vrai du tout.
De son matelas, s'échappe cette note :
Samedi 6 août, Incendie –
des bras opposés du fleuve.
– J'en ai fini avec tout ça, mais...
Elle ignorait espérer si fort.

Accoudée sous l'opaline, elle lit :
« présomption d'innocence » –
au profit de l'agressé, pour lui ôter sa défense.
C'est *à deux doigts* du déni. La ligne est très mince.
Mais c'est là – pour le moment (pour commencer)
qu'elle trouve sa force.

VIRGINIE POITRASSON

L'eau froide

L'eau froide fait du bien à la peur, dit-on, elle l'aide à se transformer en désir.

Pour tenir face à la peur, il faut porter un nom, avoir un surnom, il faut avoir un petit nom au fond, pour retourner en soi-même, il faut posséder son bain frais, son langage intérieur. Pour sceller à nouveau l'espace et son milieu, il faut s'immerger dans l'eau bleu glacier de ce nom, pour ne plus que tout soit diffus et absent, pour pouvoir saisir à nouveau les objets, pour que le cours des jours ne soit pas informe, pour retrouver la faim qui vous prend au ventre.

Pour tenir éloignée la peur, il faut non seulement porter fraîchement un nom mais que ce nom vous saisisse grelottant, pour convoquer le désir vif et ne pas entrer dans le flou des jours, pour trouver consistance et consolation, pour ne plus avoir le vertige et pour ne pas stagner, pour ne pas que la lumière décrépisse et que les murs s'érodent, pour ne pas que l'extérieur s'affaiblisse.

Pour rester avide, sur la terre ferme, pour retrouver le sol assuré de ses rêves, il faut posséder ce bain frais qui vous saisit, ce nom au fond de soi, pour ne pas que s'effilochent les plus belles scènes, pour ne pas que s'étouffent les souvenirs, pour continuer à être excitée au cours de la nuit, à sentir son corps se tendre devant des images toujours nouvelles, pour ne pas dégringoler, pour ne plus tomber des nues et chuter involontairement du haut du ciel mais au contraire plonger avec joie et envie au milieu de son eau froide.

Prononcer son nom, prendre parole, faire entendre le son flûté de sa voix, c'est trouver de l'eau, de la vie à l'état liquide, de l'eau vive. Dès lors que notre nom éclot aux bords de nos lèvres, on ne pense qu'à vivre, s'écouler, s'épuiser, se perdre, reprendre des forces, dévaler, cascader. On entre et sort de l'eau comme on entre en soi, en jubilation, en vérité. Être dans l'eau, ici nulle part et partout, être chaque partie, chaque tout, recevoir et se mêler, sans échafauder.

Être cette eau dans toutes ses formes particulières et merveilleuses : vapeur, nuée, glace, neige, pluie, lac, source, jusqu'à l'eau bouillonnante jaillissant du fond de la terre. Le pouls du sang dans nos veines suit le courant des rivières, suit le son liquide de la voix, suit le mouvement des marées qui conduisent la mer sur le sable et en organisent les heures, les rafales et les répits. Être ces gouttes d'eau qui s'écoulent et qui tombent, fanées, comme les pétales écarlates et parmes des anémones et des pensées. Poursuivre le son flûté de la voix qui traverse les ondes sans tremblement et se répète tellement qu'il finit avec son goutte à goutte ininterrompu par creuser le rocher.

Avoir sa ligne de flottaison intérieure, son bain frais, son langage intérieur, s'incarner.

S'incarner complètement, loin de toute disparition, c'est littéralement prendre corps et revêtir forme humaine, c'est être nécessité et vie, c'est être là où s'amoncèlent des réserves de lumière, c'est surtout cette couleur de nuages échancrés, jamais inerte, qui s'avive jusqu'à rappeler la couleur de la chair, une couleur éclatante, située entre le rose et le rouge franc.

Posséder le bain frais de son propre nom, c'est porter le désir jusqu'aux bords des joues.

C'est incarner ce désir pivoine, cet afflux du sang qui colore soudainement le visage, filtré par le soleil, menacé par un nuage, dardant pourtant de toute sa force par la fenêtre et donnant cette carnation rouge vif, si coquelicot, à la peau. C'est porter cette teinte jusque sur le flanc de montagnes désertiques, cette teinte rouge des plus douces, reflet rose qui s'attarde longtemps encore après le coucher du soleil.

Posséder le bain frais de son propre nom, ce n'est pas une eau tiède, lourde et collante qui dévoilerait un teint diaphane, une pâleur de porcelaine, renvoyant à une lumière terne.

Ce sont plutôt ces eaux fécondantes qui font naître et se multiplier ces carmins et ces incarnats, ce pourpre des passions, ces grenats qui luisent à la surface, ces tissus cramoisis et écarlates dans lesquels on s'enveloppe, ces vermeils et autres porphyres qui se déroulent jusqu'à l'horizon, un horizon où tout est prairie et fleurs dans une printanière érubescence.

JEAN PORTANTE

Ce matin dans la rue devant chez moi

le cerf d'antan comme un porteur de lettres
ne regarde ni à droite ni à gauche
avant de traverser et ce qui le traverse lui
retient son souffle que puis-je tirer
de tant de souffle retenu
sinon ces quelques mots qui brusquement
ordonnent au jour de faire une pause cigarette

ce jour qu'une main divine touche
comme jadis on touchait les morts
et leur disait lève-toi et marche
fume puis se recouche
j'en prends à témoin le cerf
et l'enveloppe qu'il feint de me donner

faux est le facteur et familière la fumée
ils montent et frappent à ma fenêtre
et de toutes les formes qu'ils se donnent
imitant en cela les nuages
qui sont l'âme condensée de la terre
j'en choisis une parce qu'elle a
le visage de mon père

ses cheveux gris que pour une fois
il n'a pas coupés
sa vue s'évaporant avec ou sans lunettes
ses lèvres légèrement de biais
qui me font penser à mastroianni
à la cigarette qu'il allume
dans la dolce vita ou 8 1/2

en penchant légèrement la tête
pour s'approcher de la flamme

cinématographique la cigarette
et le cerf avec ses huit bois
et huit voitures qui comme les heures
passent dans la rue devant chez moi
elles n'en sont pas à une demie près
mais gare à la neuvième
sur une route nationale
entre sainte menehould et verdun
quand il fait minuit
sur les deux plateaux du temps
et que la lune n'est pas encore double
derrière les nuages

parce qu'on n'est qu'à deux doigts du 4 août
quand le cerf s'apprête à traverser
au même moment que mon père
et longue sera la traversée
et plus longue la lettre
qu'ils feignent de me tendre
ce matin dans la rue devant chez moi.

Le métro aérien est innocent

de jour comme de nuit ou presque
les deux rames du métro aérien
derrière les briques rouges et ocres d'en face
comme les trains dans les gares de jadis
s'arrêtent un moment
puis se tournent le dos
l'une repart vers le nord
mais rêve de sud alors que l'autre
fait l'inverse
on dirait mon père et ma mère qui
le temps d'un arrêt
ou d'une gare se réconcilient
puis reprennent leurs disputes
quand il faut rentrer

car rentrer est un verbe aux consonnes tristes
ses trois r errent depuis longtemps
sur la corde qui part du sud au nord
et du nord au sud
et quand les funambules ainsi mis dos à dos
ne percent pas des trous dans la nostalgie
ils fabriquent les malentendus

ce n'est pas à un duel qu'ils s'adonnent
quand les pas l'un de l'autre les éloignent
l'un qui rentre vers le sud l'autre vers le nord
de revolver il n'y en a point dans leur main
d'innocence beaucoup

puis mais ça je ne peux pas l'entendre
puisque de ce côté-là
ma fenêtre à un double vitrage
retentit le signal et les portes du métro

quand ce ne sont pas celles du train de jadis
se referment d'un coup sec
même si personne n'a le doigt sur la gâchette.

ALDO QURESHI

I will survive

c'est un immeuble en feu qui ne se consume pas,
et où les gens continuent de vivre parmi les flammes,
de manger, de dormir dans des lits brûlants.
Ici, pas de bruit sinon le ronflement du brasier,
la respiration de ceux qui mangent de la nourriture qui brûle,
puis se lèvent et lavent des assiettes en feu,
marchent sur un sol de braises ardentes qui palpitent.
Ce sont les portes empourprées derrière lesquelles nous vivons.
C'est un immeuble qui brûle sans nous cuire, et ce feu,
c'est une fourrure qu'il porte, un manteau de fourrure,
et sous cette fourrure, il est nu.
Nu parce que tout est vrai. Et si les murs sont noirs,
ce n'est pas la combustion, c'est la couleur de la vérité,
la couleur de ce qui se passe dans les chambres.
J'en ai parlé à ma mère, je ne sais pas ce que tu en penses,
mais cet incendie, ces choses en feu parmi lesquelles
nous vivons, ce n'est pas un drame, c'est une délivrance.
Je le dis à tout le monde, et quand je croise un voisin
portant ses cabas grignotés par les flammes,
je lui dis ce n'est pas un drame, c'est une délivrance.
Quand je vais chercher du pain à la boulangerie,
je regarde la boulangère dans les yeux et je lui dis
ce n'est pas un drame, c'est une délivrance.
Même au supermarché, la caissière,
ce n'est pas un drame, c'est une délivrance

les restes d'en haut

je me souviens qu'au moment de son élection
il était sorti de sa Clio blanche et avait repoussé les journalistes
pour aider une vieille dame à traverser la rue.
Il avait refusé de s'installer sous les dorures du palais
que ses prédécesseurs avaient enrichi et modernisé
durant les précédents quinquennats, préférant demeurer
dans le pavillon de banlieue d'où il s'apprêtait à donner
son allocution présidentielle. Je me souviens du générique
de l'émission, cette musique solennelle, et du drapeau
disparaissant dans un fondu enchaîné pour laisser place
à la cuisine et à l'arrière-train du chef des armées. Je ne sais pas
comment les téléspectateurs ont vécu cet instant médiatique
hors du commun, mais moi, je le dis, je ne suis pas près
de remettre les pieds dans un bureau de vote. Il était à 4 pattes,
présentant son derrière aux caméras, quand il s'est retourné
un instant, et a déclaré : ça va faire 3 semaines que l'évier
est bouché, je crois que je vais être obligé de changer le siphon.
Puis il a réintégré l'ombre du petit placard, et s'est remis
à tortiller du croupion, jusqu'à ce que le caméraman se
rapproche,
et ce que j'ai vu à ce moment-là, je m'en souviendrai toujours.
Les mains du président n'étaient pas occupées à dévisser
un siphon, puisqu'il n'y avait pas de siphon, mais un parasite
intestinal de brontosaure, blanchâtre, gros comme le bras,
fixé au dessous de l'évier par une ventouse,
et dont la petite tête moustachue, brune et renfrognée,
venait de planter ses crochets dans la main du président.
Je sais bien que tu m'en veux, disait-il,
mais je ne peux pas te laisser sortir.
Ils ne sont pas prêts

GRÉGORY RATEAU

Pour ceux qui veillent

Les derniers spécimens écument les mers
privés d'équipage
de l'aura des chercheurs d'or
impossible d'imaginer une nouvelle terre
chaque parcelle hurle sa peine
seule l'aigreur fertilise encore
témoin de votre échec
d'un ultime effort
pour coloniser le ciel

l'ivresse sous contrôle
vos cris du cœur ne portent plus
tout maudit est en déroute
pourquoi continuer à vivre
à rêver en martyre
les coups de rame vous abrutissent
alors qu'il suffirait
de plier votre paquetage
de policer votre poème
de dire encore et toujours la bonne aventure
la parole qui rassure

ranger vos attributs dans une bouteille
frères et sœurs aux visages oubliés
pour ceux qui se souviendraient encore
de vous à moi mes pionniers sans peur
je vous conjure de résister encore
de sentir la brûlure, d'épouser la flamme

✦

Traverser une autre éclipse. Ne plus contenir la bête.
Des ombres, voilà tout ce qui bruisse, sans qu'aucune figure ne s'imprime.
Rien ne dure, tout glisse, ainsi va ma colère.
(Ré)écrire pour ceux qui n'existent pas encore.
Œuvrer à contre-temps par-delà ce présent conjugué au passé.
Souffrir pour accumuler du dire dans le refus de la souillure.
Privé des basses besognes des adultes. Sans hypocrisie à opposer au ciel.
Traîner du pied pour me maintenir au chaud dans les sables mourants.

✦

Elle ne ressemble plus à rien
nuit jaunissante où irradie un doux poison
dans l'air déjà hostile
au coin de la rue, des ailes blessées
un fauteuil en cavale si loin de son téléviseur
des chats qui jouent les démineurs

Je reviens d'une région de nulle part
supplier les mains liées, les épaules lâches
ma cellule striée à la belle étoile
nudisme d'une âme à vif

J'ai perdu les mots de ton catéchisme
tout ce prêchi-prêcha oublié
même les chats n'y comprennent plus rien
et par leurs miaulements de sourds
tentent de m'amadouer

HORTENSE RAYNAL

Journée de grand banditisme. Elle dit, dents :
Mon mari est une racine et moi je suis la bandite des grands chemins
Je n'attendrai pas le printemps pour pouvoir lancer des couteaux

Et dans la rue un nid, une mousse, un cordage.
Je sens comme un petit ding-dong chez les gens.
Regardez comme la magie peut changer un visage.

Un jour de grand danger,
Je suis née.
Et ici,
depuis les petites fugues,
le quota de larmes,
les pieds sauvages,
les ateliers pour être vivant,
les garçons impénétrables
et ceux, pénétrables,
ma mousseline précaire,
les billets de cinquante,
et ce cancer de se taire,
je veux bien que vous croyiez avec moi
qu'aucune être humaine n'est logique.

La Météo en majuscule poursuit une disparition.

La voisine du bruit je suis
une cape d'humain du ciel j'ai
une femme-papier qui dingue
tourbillon rondeurs encore toujours
ça tourne ça divague ça solide
ça cadence ça mitraille ça solide
ça arc

ça mains tendues ça choisit
ça perturbe ça dit oui
je m'habille de volonté galactique et de bruit sidéral

Flèches carquois jamais lancées.
avancées géographiques d'amplitudes.
rectilignes et ovales en même temps, c'est possible.
amoureux, amoureuse, ponctuation.
lis dans un sens, lis dans l'autre, peu importe.

Cellule amas, la pluie, la terre.
violet flotte c'est l'univers c'est le cosmos, c'est ce
que je préfère être, cette forme.
chair du sol, le bourbier, l'herbe évolue rhizómes, atlas de racines.

J'aime grandir ainsi, horizontalement.

Deuxième journée de grand banditisme. Elle dit encor :
J'ai un utérus dans le cœur il peut faire naître des choses
genre
un feu d'artifice
une nuque vue de trois quarts
l'amour avec une fille

je construis des fondations comme on construit des toits
je possède une forêt
je possède un terrain
je possède mes deux mains
je suis capable de protéger

Laisse-moi faire comme ma vie comme je l'entends
a dit la bandite en démarrant sa mobylette
sauvage ça va bastonner dans les chaumières
au bar au café chez le boulanger et dans les ravins.
La tête têtue du bourdon faite humaine

Menace et aime, qu'elle a dit déjà loin
avec sa voix goût moteur
ses cheveux façon bandana
ses mains simplement mains
et ses yeux couleur crime.

Vengeance solitaire goût bière
Façon incomprise
Couleur à plus tard.

« Arrive » n'est pas pareil que « Viens »
ta tête de jonquille et ton crâne oublié
la main qui comme un chat cherche
la renarde décalée du bout du banc
aux idées intrépides et jouesques
endimanchée le samedi et enfiévrée le lundi
grande comme une Madonne de province
ordonnante et passagère

Arrive, mon petit Printemps,
n'avais-tu pas peur il y a de ça une saison ?
C'était l'hiver et tu me chassais
moi c'est avril qui me met du bourdon dans les pattes
grande moisson pour mes adversaires
mais tu arrives je pourrais dire d'accord
tes épaules de biais tes amis adossés
et cette table qui parle pour nous
nous accueille avec nos regards secrets
plus si secrets que ça

comme d'habitude, mes jambes avancent sans moi
et mon silence n'est un problème pour personne
sauf pour ma bouche
qui cherche encore plus vaste
alors que tu es là et qu'elle ne pourrait ne chercher que toi

musique, maestro
de gauche à droite
de toi à moite
tu es sur la route
pas comme un obstacle mais
comme un inattendu légèrement attendu
que j'embrasse avec mes sceptres

mon aurore et mon concert
mon étoile et mon alcool
ma santé et mon suspens
ma délivrance et mon longtemps.

JACQUES RÉDA

L'exposition

Quitte à se poser des questions de longtemps débattues,
J'aimerais bien savoir comment les tableaux, les statues
Du Louvre semblent demeurer, chaque jour que Dieu fait,
Les mêmes, et souvent depuis des siècles. En effet,
Je suis assez tenté de les croire las de leur tâche :
Demeurer sans bouger (parfois même sous une bâche
Où l'on leur prodigue des soins un peu mystérieux)
Devant un défilé continuel de curieux
Dont un sur deux au moins se permet, sans scrupule,
(Quel démon de la vanité le hante et manipule ?)
De les prendre en photo pour flatter son autoportrait.
Oui, ce devoir les exaspère à tel point qu'en secret,
La nuit, quand le Louvre est désert dans l'ombre et le silence,
Fatigués, eux qui sont rigueur, de cette nonchalance
Du visiteur dominical, du touriste hâtif,
Ils échangent, pareils à des peintres sur le motif,
Sévères ou moqueurs, des propos de toute nature.
Trop délicats pour s'abaisser à la caricature,
Ils évoquent aussi l'un ou l'autre de ces passants
Qui sont venus les contempler avec respect, et sans
Intention qu'aller se perdre au fond de leur domaine :
Ces palais, ces jardins, ces collines où les promène
Un guide taciturne et d'un savoir profond, l'amour.
Peut-être même gardent-ils le souvenir du jour
Où je me suis planté longtemps devant un paysage
Pour y disparaître, ou devant un bouquet, un visage,
Un temple olympien qu'une foule d'anges remplit.
En regardant bien, on verrait ce prodige, accompli,
D'un homme quelconque indistinct dans l'énorme volume
Mais qui tient un outil bizarre (on dirait une plume) :

C'est moi. Dans l'éternel présent, le peintre m'a fixé,
Humble figure du futur prévu par le passé.
Je suis donc devenu moi-même un objet de musée
Où je vois flâner ma famille humaine médusée
Par ce que la machine laisse encore de vivant.
On y vient, comme d'autres vont rêver au cimetière,
Invoquer la Vénus sans bras mais plus tendre qu'altière,
Et depuis que l'esprit ne souffle plus sur la matière,
Incapable de maîtriser les caprices du vent.

DIANE RÉGIMBALD

Furie

ce qui est nu
résiste

ce qui résiste
répare

Jonathan Lamy

ce qui résiste a souvent jeté la barricade
pour combattre la servitude
l'occupation
des peuples des personnes

tu serais autrement
si tu n'avais pas connu l'amour
si tu n'avais pas connu la haine
tu te retrouves perdue
sans connaître le chemin à prendre
sans savoir ce qui reste de nous
des conflits qui blindent

tu te soulèves

tu rejoins l'espérance qui t'habite
habite une partie de ton corps
surchargé de détresse
territoire vulnérable
tu sais que conserver des gravures du passé
éloigne du rêve écorne les pensées
si belles soient-elles
mais tu sais que regarder leurs mystères

te donne toutefois des forces
endigue tes peurs

tu voudrais retenir les heures d'un silence doux
la main en coupe pour offrir
la lumière en partage
de croisements d'ondes et de luminescence

le temps de reconnaître ce qui tue
et durer perdurer
contrer tout vent contraire
pour aller vers la pluralité de soi

tu crées nos armoiries – si dessine
l'histoire de nos sexes – jaillissent
les fleurs du désir – si joignent
nos souffles lents traversés
d'une grandeur émotive
juste ouverte à l'horizon
cœur morcelé

écrire t'appelle à lever les voiles
à les détourner les déchirer les recoudre
les reprendre afin qu'ils multiplient leurs formes –
tombés montés épiés – qu'ils gardent
les secrets les plus vibrants

depuis longtemps le cours de l'eau tient tête
à la folie humaine déjoue
déjette sort de ses gonds tel le ciel et ses vents
qui se rassemblent et deviennent
ventouses de l'air
forces de magnitude insensée
tout rugit se déploie pour dire leurs présences

être fille être femme c'est cela
faire semblant longtemps de dormir puis rugir
avec la puissance vive des éléments

être furie chevale sauvage chevale jument
vache de tête à l'extrême volonté de vivre libre
debout dans le clair de la lumière – montagnes stoïques
où jour nuit déploient leurs puissances
si révèlent dans leur rencontre
les matières leur force unique – l'espace
d'une unité aveugle absolue – le chemin de peau
ondule de pores de grains aquatiques
de pierres caressées par l'humide et le feu

nous brandissons nos vœux
nos cris maudits

THOMAS B. REVERDY

Le bouquet

Quand je t'ai rencontrée, cela faisait longtemps que je ne rêvais plus, la nuit. C'est une façon de parler bien sûr, parce qu'il paraît que tout le monde rêve, mais moi, je ne m'en souvenais pas, jamais. J'ai perdu l'usage de mes rêves il y a trente ans. On finit par s'y habituer. C'est une vie comme une autre.

J'avais vingt ans il y a trente ans ma mère est morte.
C'est un alexandrin – et c'est tant pis pour lui.
Quand je t'ai rencontrée j'avais fait une vie.
– Elle s'est envolée un soir devant ta porte.

Quand je t'ai rencontrée, c'était il y a plusieurs fois. Un bouquet de fleurs, des trains, quelques invitations à dîner et un certain nombre de fêtes. Un bouquet de premières fois ensemble, en somme et on ne le savait pas encore, et toujours on dansait. On rentrait au matin, les étoiles éteintes dans un ciel blanchi, sur des pavés glissants, en se tenant la main. Quand je t'ai rencontrée, c'était une journée de milliers d'éclats de soleil et de rires, au bord d'un lac de montagne. C'était une nuit de reflets bleus dans l'eau noire et de chuchotements du vent encore doux qui déplaçait tes cheveux. Une fin d'été, au bord du monde, là où les heures s'étirent, où la lune s'arrête et se brise en miroirs de vaguelettes, dans un ciel à l'envers où l'on s'était baignés. Autour de nous le décor changeait. La plage désertée des amis disparus. Que faisions-nous dans ce bar, au milieu d'un jardin ? Est-ce qu'on peut se perdre, la nuit, dans un potager ? Je m'en souviens. Quand je t'ai rencontrée, je suis venu toquer à ta porte et nous sommes sortis. Nous n'avions pas fini de nous raconter nos vies, ou d'inventer la nôtre. Quand je t'ai rencontrée, j'ai porté la main à ton oreille pour y replacer la mèche que le vent avait soulevée, ai laissé mes doigts effleurer ta joue, et tu m'as souri. Nous nous sommes embrassés, étonnés d'en être capables et que ce soit si simple. Nous ne l'avions jamais imaginée, cette fleur éclose entre nous soudain, dans le bouquet de nos premières fois.

Quand je t'ai rencontrée, tu m'as ouvert tes bras et je m'y suis couché de tout mon corps tout nu toute la nuit tout contre toi toute nue aussi toute la nuit tout contre tout ton corps à toi allongé tout nu avec moi. Le soleil s'est levé pour la première fois.

Et depuis,

Je t'aime pour la première fois.

Je m'endors dans tes bras chaque nuit pour la première fois.

J'effleure ta peau sur ton épaule et là, dans le creux de ton cou, le long de tes côtes, ton ventre doux, et sous tes bras où naissent tes seins, pour la première fois.

J'ouvre les yeux dans les tiens, chaque matin pour la première fois.

Je repousse du bout des doigts une mèche de tes cheveux derrière ton oreille, encore et encore, pour la première fois.

Je te donne la main dans la rue quand nous marchons, comme un enfant qui n'a peur de rien, pour la première fois.

Je pleure au cinéma quand ils s'embrassent pour la première fois.

Je prends tes lèvres dans les miennes et je les lèche avec des coups de langue intimidés, en fermant les yeux, pour la première fois.

Je tombe dans un vertige de toi dès que je te regarde pour la première fois.

J'aime tes mains, ton ventre, tes seins, j'aime tes lèvres et tes yeux, ta peau, tes grains de beauté dans le dos, j'aime ta nuque et le pli sous tes fesses qui guide ma caresse, j'aime tout de toi pour la première fois.

Je connais par cœur ton cœur sans armure et ce qu'il va dire, tes mots agiles et nos pensées reliées par un fil, nos pensées qui ne cessent de penser la même chose en même temps pour la première fois.

Je crois qu'il y a des amours sœurs et des amours frères, des amours qui se connaissent déjà pour la première fois.

J'écoute les chants des oiseaux des villes au printemps qui se posent sur la même corniche ou la même cheminée, et je m'imagine, quand ils vont par deux, qu'ils sont amoureux pour la première fois.

Je surprends mon reflet dans ton regard et je me reconnais pour la première fois.

J'ai 17 ans pour la première fois.

Je fais l'amour avec toi le matin des cafés et les nuits de champagne, dans une chambre d'hôtel, un train, un cinéma, un bateau, sur des rochers, dans la crique perdue d'un monde oublié, dans le ciel et l'eau de tes yeux, ton sourire soudain désarmé, ton parfum, ta peau et les frissons qui nous font trembler quand on se frôle, quand on se touche, je fais l'amour avec ton souffle qui cherche de l'air, qui s'accélère, et ton cœur soulève ta poitrine qui rougit pour la première fois.

Et quand je m'endors dans tes bras je rêve et tu es encore là. Je rêve enfin de mes 20 ans – j'essaie de rattraper le temps. Et ma mère me sourit de nouveau je crois. Pour la première fois.

C'est un bouquet, les choses que je n'ai jamais vécues avant toi. Jamais osées, jamais imaginées. Le bouquet des fleurs de l'effet que tu me fais. Le bouquet de nos premières fois.

GUILLAUME RICHEZ

vivre natal

ce n'est pas une chambre d'enfants   c'est une chambre d'hôpital.
lit, grammatical, substantif et chambre sans vue avec adverbe.
cet automne n'existe pas. c'est un risque à prendre. la douleur me
reconnaît,

sœurs, nombrées, deux.
jumelles.
lunairement, mort,es.
qu'en chambre, moureusement, parlées. dans : la phrase,
corps, visages, lieu, moins, qu'assertives. singulaires,

je vous ai vues mourir.
dans le tu ventral,   apparaître où ma parole s'obsède à silence, non,
utérines, si.
j'ai hérité cette nuit-là de quelques pluriels. tous les petits os de
la parole. un mot tombé plus
loin que vos visages. singulaires,

je documente la douleur. ta mort et ta mort je dois les   graphier.
la question questionnante de se écrire à soi (ou) le fait de n'être
élucidé par. je préfère que la phrase l'ignore. nommer menace.
la douleur posée à côté de la chose. la chose moins la chose plus
le verbe être.
elles suis mort,es, disent-je. fiction des pronoms. parole effaçante.
vos visages trois points de suspension et du souvenir. singulaires,

je pense : seule la chambre est la chambre est la chambre est la chambre est la chambre est l'hôpital.
l'hôpital ne bouge pas. le mur contre le lit a commencé avant moi.
il sera question de mur et de lit jusqu'à la phrase suivante,   en quelque sorte celle qui précède le mur contre le lit,
la chambre immobile et beaucoup de nuit pendant.
à l'emplacement de la nuit   f et moi,
parler à côté du lit c'est de l'écriture avant la disparition de la virgule, indivisible.
ne rien entendre c'est encore du langage,

ce n'est pas le lit contre le mur qui s'agrandit.
tout est posé murement comme un,e mort,e
les petits visages   les petits corps.
singulaires,

je ne sais pas quelle heure il est dans la phrase suivante. est-ce ça le sens ?
mur dit   mort dite   chambre dite   lit parlé.
immédiates,   après vingt ans.
la chose remémorante
elles, moureuses,
la phrase autre   nuement qui
, qui échappent.
singulaires,

j'entends toute la chose dans la parole   celle qui fait de petits ossements avec la bouche,
la chosibilité du toi et de toi, le mot qui ne finit pas. comme le e muet derrière vos visages.
la phrase dit la nuit autour. je fais ce que dit la phrase, une phrase sur deux.
parler la phrase leur apprendrait à moins mourir ?   cette phrase qui me regarde   toujours en avance sur le réel.

ou la totalité des phrases humaines   moins les tiennes et les tiennes,

sortir de cette chambre explicative. je me suis fabriqué du présent avec ça.
vivre natal   le long de ma phrase,

JEAN ROUAUD

Jongleur et chemineau

Extrait du cinquième acte

ce qui est cette volonté d'annexer
tout l'espace sonore une forme de totalitarisme
où l'autre n'a d'autre choix que
de se soumettre à ce programme imposé
le même programme pour tous
n'ayant aucune possibilité de tourner le bouton
comme on le disait pour la radio
ce qui avait débuté à peine quarante ans
plus tôt avec des hommes hystériques
s'envirant de leur verbe puissamment augmenté
une première dans l'histoire de l'humanité
hurlant dans un micro portant jusqu'aux confins
de la barbarie la plus grande
leur volonté d'apporter au monde leur conception
particulière du bonheur sinon pour tous
du moins pour ceux qui n'étaient pas juifs
ou tziganes ou homosexuels ou koulaks
ou trisomiques ou pensaient de travers
des voix si fortes qu'elles avaient besoin
pour combler le vide des esprits venus en masse
s'en délecter et communier
à la nouvelle religion vociférante
de stades gigantesques la fonction de ces stades
étant moins d'accueillir un meeting
une compétition sportive un concert
que des décibels des déluges de décibels
comme de la cire chaude se déversant
dans nos oreilles nous rendant pareils
aux rameurs de la galère d'Ulysse
insensibles au chant des sirènes

à la voix chuchotée au souffle du vent
au vol fluté d'une tourterelle
à la chute moelleuse des flocons
et à peine sortie des vieilles armoires
des vieilles mémoires on a fait descendre
le Guignolo de Saint-lazo
et les Trois matelots électrifiés
dans ces mêmes stades à percer les tympans
entérinant la césure entre la voix nue des campagnes
et le rugissement de fauves des cités
césure pour laquelle on peut même
proposer symboliquement une date et un lieu
par exemple 1965 à Newport quand le jeune Dylan
tournant le dos au public qui protestait
de le voir sacrifier à la nouvelle divinité
des haut-parleurs demanda à ses musiciens
de forcer le volume de jouer plus fort
encore plus fort et la légende raconte
que l'ami de Woody non Robert Zimmerman
mais Pete Seeger éberlué meurtri trahi
se munit d'une hache avec la volonté
de trancher les câbles pour stopper
cette hémorragie de sons criards
submergeant non seulement la foule présente
mais le chant plaintif du delta
et le slogan goguenard de la guitare de Woody
et la complainte de Rutebeuf
et les acrobaties naïves du jongleur de Notre-Dame
et l'errance de trois musiciens courbés
sous un ciel gris-bleu de neige
un bal klezmer dans la tête
et avec eux tout un archipel de chanteurs de gwerz
de toute langue de toute contrée
noyés dans la Pangée universelle
de la grande fabrique de sons diffusée
par le consortium mondial des satellites
où l'on ne peut prendre un verre
dîner dehors acheter des vis

une salade une veste une crème solaire
des croquettes pour le chien
sans être assailli par une débauche d'acouphènes
de notes martelées assénées
à rendre sourd au monde à la vie des autres
trop de notes reprochait déjà Joseph II
alors qu'il avait le bonheur d'assister
depuis la loge impériale du Burgtheater à Vienne
aux noces mozartiennes de la beauté et du chant
un déferlement de notes pareil aux sept tonnerres
dont nous menace l'illuminé de Patmos
qui passent pour de la musique quand il ne s'agit
que de saturer notre domaine de rêverie
d'empêcher nos pensées de fuiter à vau-l'eau
sans que nulle part il n'y ait d'option pour le silence
et pour bien se préserver de ce redoutable
de ce terrifiant silence on se déplacera
un casque sur les oreilles comme à la guerre
mais avec une fonction inversée
non de se protéger du vacarme
comme celui orange d'un ouvrier
arc-bouté sur un marteau-piqueur
mais d'assaillir avec une précision chirurgicale
sa cible sa part de marché pavillonnaire
le reste du crâne important peu
abandonné aux intempéries et aux coups du sort
ce qu'il n'y a pas si longtemps
on appelait ce dispositif un walkman
tant la technologie porte en soi
son obsolescence programmée
intégrant l'humanité même
autrement dit ce walkman un homme en marche
comme ce *Walking blues* repris par Robert Johnson
I said you know about that now, I got the walkin' blues
comme notre trio de chemineaux
mais sans le corps courbé contre le froid
sans les mains dans les poches
sans le violon sous le bras

sans le cliquetis de glaçons sous le tablier du pont
la musique extraite comme un plomb
de leur cerveau klezmer nomade
fondue dans le grand *melting pot* planétaire
qui la diffusera mixée à trois notes de guitare manouche
de chant ojibwa et d'une ligne du Stabat Mater
urbi et orbi et même au-delà
gravée sur des disques de platine
à l'attention des extraterrestres
qui chaque fois qu'ils récupèrent une sonde
se sentent dissuadés de traverser l'espace
pour nous rencontrer
le même Dylan vieillissant chantant
Je marche dans des rues qui sont mortes
repentant peut-être d'avoir contribué
à cette apocalypse sonore avouant
Nous sommes constamment bombardés
par une musique insultante et humiliante
ce qui est peut-être une manière
d'occuper l'espace rendu libre
par la disparition progressive
méthodique des oiseaux
ce *Printemps silencieux* prophétisé
par Rachel Carson l'année même
de la sortie du premier album du jeune Dylan
de camoufler un crime de Terre en somme
car il s'agit bien de cela
et voyez nous y sommes presque
saturer le monde de cette industrie bruitiste
pour couvrir le silence vertigineux
d'un ciel déserté d'un ciel sans vie
Le Rappel des oiseaux de Rameau
dans les écouteurs
le *no ending tour* saluant une dernière fois
sur les dernières notes du dernier chant
du dernier rouge-gorge
sous le linceul de neige
d'un hiver nucléaire

provoqué par le génie humain
soucieux de refroidir les ardeurs climatiques
après avoir échoué à ensemencer
l'océan de limailles de fer
pour nourrir des nuées de plancton
qui auraient avalé goulument le gaz carbonique
infiltré jusque dans nos cellules
It's a hard rain gonna fall

JACQUES ROUBAUD

je ne cesse pas de tomber
dans une terre qui s'écarte
pour me laisser placer mes os

une terre qui se referme
en entendant venir le vent
cosse d'escargots, de chenilles

le vent s'en vient, le vent s'en va
un jour je fus, maintenant pas

Juin 2022

Un souvenir me submerge
Je ne sais s'il est vrai
Il est d'un bord de mer, je
Serai là, mais je m'en irai

3 juin 2022

JAMES SACRÉ

Ma guenille parmi d'autres objets

Il y a cet objet parmi les autres (les autres qui sont presque toujours un plaisir pour l'œil et le toucher, qui activent la pensée dans un emmêlement du passé avec l'aujourd'hui et des sentiments bougent d'agréable façon aisance et bien-être à la fois dans le silence de ces objets et dans ce qu'ils semblent dire à travers les mots qui nous viennent en les regardant), mais il y a cet objet :

Un ensemble de petits carnets rouges, puis d'autres plus banalement carnets de rien ce qui va peut-être mieux à ce qui s'inscrit dedans : matière de mots qu'on pourrait reprendre, transformer, écrire... si ça ne ferait pas qu'ajouter du mensonge à ce qui déjà n'est probablement qu'illusion de vérité si empêtrées que furent ces pages de carnet dans le non savoir dire et penser ?

Un objet qui ne sait pas être silencieux et qui encombre de plus en plus alors qu'on l'a gardé avec soi depuis si longtemps, un objet qu'on s'est fabriqué sans qu'on sache bien pourquoi c'est comme un vieux paletot qu'on ne prendrait pas pour aller voir des amis, dans lequel pourtant on se sent plus ou moins vivant sans pouvoir être sûr de ce qu'on a été chaque fois qu'on l'a porté.

Une guenille qu'on essuyait mal avec
Du vécu qui échappait et qu'on ne reconnaît plus
Ou qu'on reconnaît trop.

✦

Mais les carnets qui me restent, les premiers essais de poèmes, sont là, ils furent vivants, je n'en doute pas, et je crois ressentir que leur vécu bouge encore en ma vie d'aujourd'hui. Ma guenille nourrit-elle à mon insu les poèmes que je m'imagine écrire ? Ou si elle me dit qu'ils ne sont rien plus que d'autre fripes, ravaudées, repassées et pliées comme il faut (en suis-je convaincu ?) en des livres que des éditeurs, et quelques lecteurs, ont pour ainsi dire cautionnés ?

✦

Reprendre ma guenille, l'écrire,
Ça serait comme s'en aller dans un poème :
Paquet de vieux chiffons
Pour un patchwork de formes et de couleurs
Oui, et peut-être bien pour n'aboutir
Qu'a d'autres chiffons
D'écriture et de vie, si les poèmes
Sont aussi de la guenille ?

✦

Ma guenille a ce mérite
Qu'elle ne prétend pas écrire
Elle n'est pas à l'affût de belles formulations
Ni de pensées qui seraient surprenantes
Pour les autres.

Rien. Cependant elle persiste.

N'est-elle pas
Comme un reproche à de l'écrit prétentieux ?
Ou comme demandant au poème
Un coin dans sa grange à foin
Pour dormir ?

Au matin personne se souviendra
De ce qui s'est passé
Durant la nuit.

✦

À force d'affirmer que ma guenille n'est pas écrite
Je finis par me demander ce que cela veut dire.

Dans cette guenille plus ou moins continuée
Je n'entends pas les mots qui me viennent dans les doigts

Ni aucun rythme ni phrasé
La pensée occupée seulement
De choses dont elle voudrait se saisir :
Occupée, pas vraiment et très vite abandonnant
Essais de descriptions et les amorces de réflexions. C'est plutôt torchon de papier
Pour mal essuyer
Des salissures de ce qu'on a vécu.

Mais penser qu'écrire met du propre dans les mots,
Les arrange, caresse ou geste de colère ?

✦

Poèmes mal dépêtrés
D'une guenille de mots qu'on a mal pensée
Guenille de mots qui persiste
Tu voudrais t'en défaire, mais tu devines que c'est là
Le cœur et le cul de ta poésie. Poésie ?

DOMINIQUE SAMPIERO

Nous sommes tous des réfugiés
Extrait

1.

Derrière la fenêtre rien n'a bougé. À part la lumière, les saisons.
Le ciel glisse sur le ciel.

Les portes clignent des yeux.
Les feuillages tremblent moins que le gris
des ardoises et les façades des maisons.

Les murs alignent leurs briques une à une
devant le grenier des arcades
front posé sur l'infini.

Au fond, tout au fond, rien n'a bougé. Rien.

De temps en temps, un rayon de soleil range l'encre des cailloux
sous son aile. Est-ce mourir, ce déluge qui monte entre les
doigts et qui nous éloigne de la grange du corps ?

2.

Nous allons et venons dans une image qui invente un peu de vie.

Le crissement de nos pas nous rassure. Nous nous éloignons d'un
point que nous allons rejoindre, un jour ou l'autre.

Quelle âme sommes-nous dans ce néant de la durée et de la
matière ?

Le ciel resserre sa grisaille foudroyée sur le blanc sale des lilas.
Il pleut des parfums de robes. Je pense à ce que je connais.
J'apprends le visage de la nuit caché en moi.

Je perds conscience, je trouve présence.

3.

Nous sommes tous des réfugiés. Réfugiés de quelque chose, quelque part. Une colère. Un amour. Une blessure.

Nous sommes les réfugiés d'un manque qui s'éblouit de manque.

C'est ce qui nous effraie chez celui qui vient d'ailleurs et qui réveille en nous une vieille peur : nous ne sommes pas d'ici, nous sommes tous des réfugiés.

4.

Nous ne serons jamais d'ici.

Nous venons de la grande nuit douce et froide, sans exception.

Nous venons de la pluie, de la montée des eaux.

Nous venons d'un silence impossible, un désir posé en cercle, en mouvement dans le vide, une profondeur gorgée de maelströms.

5.

Nous nous regardons comme si nous étions blancs ou noirs.
Les yeux bridés, les cheveux blonds.

Nous comparons les disputes ou les noces de nos visages.

Nous nous assassinons en pensée en simulant la ressemblance.

Toutes les guerres, toutes les barbaries ne suffisent pas à nous débarrasser de celui qui vient d'ailleurs.

Puisque nous sommes déjà vides.
Étrangement vides. Étrangement frères.

ÉRIC SARNER

Épiphanie

à Silvie Brière

Soudain,
les rouleaux du temps marquent la peau au profond.
Peau de terre. Peau du témoin et son cœur,
happés au pied du Parthénon
– mais ce pourrait être tout comme partout –
par cette face de grâce et de miséricorde.
Car tout est bon, heureux, n'est-ce pas,
chaque fois que nous luttons contre la disparition,
la perte de l'autre, l'effacement de soi,
des asters rigides et des dauphins de l'Irrawady,
la ruine annoncée des déesses précieuses.
Tel savoir nous sauve-t-il, là ?
Ou l'extase ?
Apprendre plutôt à se pencher au bord des miracles,
Sans malepeur ni morgue,
comme le tout jeune enfant mord des yeux le visage aimé
et se leste sans fin.

Ainsi dévisager le masque patient de cette femme,
beauté réchappée du sol et des ciels, de la nuit antique
et qui vous envisage.
C'est Aphrodite, supposément, créée de l'écume marine,
supposément.
Dans un hymne homérique,
voyez comme elle atteint le mont Ida aux mille sources,
la montagne mère des fauves.
Derrière elle, marchent en la flattant les loups,
les lions couleur d'or,

les ours et les panthères rapides, insatiables de faons.
Elle avance droite et galante
et se retournant, se réjouit de tout elle
jusqu'à jeter le désir le plus impérieux en leur poitrine.
Alors tous à la fois ils partent s'accoupler
dans l'ombre des vallons.
Indéchiffrable secret des jouissances.
C'est un torrent de joie de vivre, de force vitale,
d'amour sauvage.
C'est Aphrodite, supposément, la mère d'Éros.

Le terrestre et le surnaturel ensemble
est-ce cela que ses yeux ont contemplé
qui les a faits si grands ouverts dans l'ovale endurant ?
L'œil d'où s'échappe
la goutte béante,
cette larme-oxyde
arrêtée
en une rumeur pérenne,
larme longue,
non-larme,
infinie
comme passé
ou présent.
Mystère glorieux,
aussi ultime que
la roche.

Quand l'objet jamais n'a de lumière au-dedans,
le visage invoque et exige.
Compagne de marbre et de silence,
aux cils de bronze,
figure du tragique universel.
Sillon gris-noir des dissonances.
C'est un voyage au bord d'un puits,
au pourtour des abîmes.
Et le visage est écriture
qui murmure

sans bouger.
Indéfiniment.
Ainsi du face à face,
où soudain tout commence
et dans l'ouvert
se risque.

EUGÈNE SAVITZKAYA

D'après une légende japonaise

Offre-nous le sésame de ton nombril
les haricots de ton nez, le riz de tes yeux
le millet de ton oreille
le blé de ton vagin, la gentiane de ta bouche
et le soja de ton anus,
déesse des jours éteints

La femme était déesse
ses os éparpillés et enfouis
sur toute la surface du globe
formaient les racines
et les tubercules que nous mangions
autant que nous étions.
Le mycélium des champignons
naissait de ses cheveux
et les poils de ses jambes produisaient
le terreau très doux
sur lequel nous dormions paisiblement.
Sa peau était le parchemin primordial
sur lequel s'inscrivaient les signes
et les ratures du monde en progression chaotique
et son thorax, la caisse de résonance
de l'écho des profondeurs.
De son ventre ont jailli des chapelets
de marcassins, des colliers de couleuvres vipérines,
des bans de sardines et d'anchois,
des nuées d'étourneaux et d'oies criant le désespoir
de dieu le père, le fils et ses bâtards.
Elle fut décapitée
et sa tête projetée dans le ciel
se dédoubla et se multiplia

en millions de courges, pommes, noix
et capitules fleuris.

Offre-nous le sésame de ton nombril
les haricots de ton nez, le riz de tes yeux
le millet de tes oreilles
le blé de ton vagin, la gentiane de ta bouche
et le soja de ton anus,
déesse des jours éteints.

JEAN-PIERRE SIMÉON

L'exemple

À mon père Roger Siméon

Je me souviens
que tu étais enfant rue Gît-le-Cœur
c'était au temps
où l'on polissait les jours à mains nues
où la vie allait
comme une roue de bois sur les pavés

c'était peu avant Nezval
et sa bonne colère au cœur battant

la Seine était une rumeur
avant que d'être un fleuve
et les femmes sortaient parfumées
de leurs nuits d'épouvante

bientôt viendraient l'alerte
et la vindicte des orages
sur le tournoiement des foules

et tu fus homme de foi et de regret
comme un arbre entre flammes
et rivière

aujourd'hui le monde improvise
ses haltes dans l'abîme
j'erre parmi les ruines du printemps
où le cœur gît

et je me souviens que toi
sorti des ruines
tu trouvais encore et toujours
contre toute raison
dans les ruines
les raisons du printemps

JEAN-LUC STEINMETZ

Jours de colère

Parmi les petits innocents meurtriers, tes « camarades »,
beaucoup aiguisent leur couteau entre tes épaules.
Le sarrau de l'écolier porte un accroc sanglant.
Le cortège insidieux pénètre la pointe du jour
propage les iniquités, les fraudes successives.
Aucun recours, aucun secours n'incline
son ombre, son bienfait.
Les maîtres dressent le brutal épouvantail.
D'eux tombent des notes sans musique.
On te lance sur le cynodrome comme un lévrier dératé.
Si tu arrives le premier, tu boiras la coupe d'absinthe
avec un étroit sucre vert pour mieux passer.
Des soleils parfois se découvrent.
Hors des capuchons sortent les frimousses mercurochromées.
Des gouttes perlent sur les branches.
L'hermine traverse – trace un équateur
sur le chemin qui dévale. À cet endroit
t'émeut une religieuse stupeur.
Les jours s'enchaînent. Les muscles du cou les tirent.
La charrette grince, emportant les élèves,
les retenues et les distributions de prix.
Ceux qui gagnent
s'égaient bêtement devant leurs récompenses.
Les recalés caquètent sous le préau
près des chiottes monumentales
où se comparent les sexes comme des billes.
Combien t'écœurent les compétitions hargneuses
alors que ton lot est l'inutilité
et qu'à tes yeux l'excellence brille d'une impudeur
qu'on ne sait pas même nommer,

comme les organes de la génération
prisonniers du dictionnaire médical.
Plus d'une fois résonna jusqu'au parloir
l'hallali du mauvais élève.
Plus tard lorsqu'il dévale jusqu'au port
encombré de *bateaux ivres* morts
il sent que le poursuivent
injuriant à hauts cris ses premiers essais de différence
les autres.

ARTHUR TEBOUL

Plateau d'argent

Sous le plateau argenté de la taille d'un stade de foot, huit enfants accroupis tentaient de se cacher. Ils y arrivaient plutôt bien. Se cacher de quoi ? Nous allons essayer de le leur demander. Un peu plus tard. Parce qu'en cet instant, ils sont encore en boule, recroquevillés, la tête entre les genoux à espérer, les yeux dans le noir, ne pas être vus. On attend quelque part dans un angle mort que leur instinct de jeune vivant nous remarque nous aussi sous le plateau. Mais on conçoit que c'est pour eux difficile. Parce que c'est à l'aide de jumelles-lunettes thermiques ultra longue distance que nous les épions dans le noir. À part leur instinct, leur intuition, c'est vrai que dans ce contexte ils ne peuvent pas compter sur grand-chose. Là, sous le plateau argenté de la taille d'un stade de foot. Rien ne ruisselle depuis les bords du plateau. On ne peut pas avoir à la fois un plateau de la taille d'un stade de foot et une piscine à débordement. Pendant ce temps, les enfants attendent le déluge.

L'ultime tunnel

La cavale, puis l'exil, puis la fuite à nouveau. Nous prendrons l'air. Puis nous le rendrons. Rien ne nous oblige à satisfaire ceux qui attendent de nous l'exploit. Ceux qui attendent de toi la superbe et l'exploit. Je repense au désert montagneux, ocre et brûlant, de *Paris Texas*. La lenteur espérée, près des profondeurs inatteignables, c'est demain. On marchera tant qu'il faut. On fera notre devoir et nos soins méditatifs comme tout le monde. Après, on pliera bagages sans demander reste et sans rendre compte.

Je n'estime rien de plus que cette chose nouvelle qui attend la vie à son endroit. Ça ressemble à un caillou. Est-ce juste un scintillement qui existe par lui-même ? Quand on voit scintiller la pierre, on reprend la route et, t'en fais pas, c'est sans désarroi ni hésitations que nous allons ensemble vers la pioche qui nous permettra de creuser l'ultime tunnel.

Une girafe

Nous allons décontenancer la présence inopinée du chauffeur de salle dans l'interstice. Son métier est particulièrement difficile aujourd'hui, car les nouvelles sont sinistres. Ça nous donne quand même envie de rire nerveusement. Sur la moquette du plateau télé, du plateau repas, de l'assiette des ménages, une girafe en plastique repose. Se repose. Je la regarde, fasciné.
Entend-elle ce que les animateurs oblitèrent et débitent ? S'ils pouvaient couper du bois pour la cheminée à la place, on se porterait mieux. Entend-elle ce que le chauffeur de salle mime à l'assistance abasourdie ? Je crois qu'elle sait déjà tout cela depuis sacrément longtemps.
Vous voulez que je vous dise ? Là, en cette minute qui s'étire, j'aimerais prendre sa place.

MAUD THIRIA

Langue torse

Extrait

langue que coupe
la brisure des lames
plus jamais tiède molle   langue
plus jamais arrachée empêchée   langue
coupe langue coupe feu
coupeuse de feu   et   incendiaire   langue
abyssale paradoxale dorsale
plus jamais   se le dire   répéter   plus jamais
un ça suffit de nuit susurré à l'oreille   collée aux plumes
langue ritournelle retournée en révolte
chant mantra où naître mille et une vie   contre la nuit   contre
langue luciole éveillée   animale de champ sur pollution des terres
langue que ne coupe plus
le rivage mais   l'habite   le sculpte
à crue sans attaches langue déliée
recousue dépliée

✦

texture de langue
membrane organe   tissu mobile   charnu   musculeux
longue langue pendante mordante libre d'aller   où veut
langue bien pendue   bavarde et bave   où veut
langue se tire malléable extensible   vivante
texte de langue suturée   nos salives cautérisent
langue roulée   comme on se roule des pelles
langue pelleteuse à creuser tes dents
ourler ta gencive   langue incise des incisives
langue sur mousse de désir   écume au coin des lèvres
texture de langue qui pointe vers

et si langue trouvait
et si langue trouait
et si langue troussait retroussait babines
animale affamée
et si langue toussait dépoussiérait le langage
et si langue détroussait les vêtements comme les mots endormis
et si langue broussaillait broutait boostait brûlait
langue verte d'herbes folles à délier
langue ruminante lente
langue explosive et feu sans artifices
et si nos langues

✦

langue issante vers
langue anguille frémissante
ça saute en tous sens haut et isse sursauts de langue
haut cœur basse langue et entre
tenir sa langue
pas dans sa poche où ça troue ricoche
bondissante langue agglutine l'instant et encore et presque et
agglutine agglomère lutine et mère putain de langue
ça déchire ça chie dans ses bottes langue intenable ininvitable
mais plus langue à table et plus de table cassée au rebut
langue non potable mauvaise langue mais
langue toute langue femme dit de femme entière vulgaire
quand ça lui chante
et ça chante dingue
langue poudingue

MILÈNE TOURNIER

J'ai marché la ville la nuit, quand on ne voit plus les fleurs, seulement leurs pots fluorescents. J'ai marché entre les sirènes des pompiers qui scient noir et silence. J'ai marché derrière l'alibi d'un parapluie fermé pour retarder la canne. J'ai marché près des voitures de garagistes montées sur ascenseur et dont on voit le ventre. J'ai marché le long des cabines autolib désaffectées, du linge mort dans les tambours des laveries. J'ai marché dans les boulevards et mon visage aller-retour dans les rues avortées des impasses. J'ai marché et suivi les bus avec les contrebasses majestueuses et maladroites comme des landaus de jumeaux. J'ai marché près de l'avion et l'enfant, et l'enfant craignait que l'avion s'envole tant qu'il sorte du ciel. J'ai marché près des façons du monde, de s'offrir quelque chose au café et se lever par-dessus la table, pour la bise et se rasseoir. J'ai marché près des vieilles dames de ville, qui marchent la nuit, le jour les trottoirs sont trop petits. J'ai marché derrière le garçon qui se servait de sa trottinette comme d'un diable, et déménageait en pleine nuit. J'ai marché près des pères qui croisent les bras aux passages cloutés et soupirent très fort comme s'ils venaient de prendre une grande décision. J'ai marché près des rares rues sans parcmètre et du signe désolé, « on ne part pas on arrive », à la voiture qui s'avance et espérait. J'ai marché près du fou qui plantait son couteau dans la statue, et du sage qui s'étonnait que la statue n'ait pas crié. J'ai marché près des pigeons et l'enfant trouvait que ça leur irait mieux de ne pas voler, de plutôt être des piétons. J'ai marché près de l'homme dans le métro qui ouvrait ses fermetures éclair avec la bouche. Et le long des parcs avec les fauteuils roulants tout près des bancs. J'ai marché près de la vieille qui jouait à dégenciver son dentier devant les enfants. Et près de la lycéenne qui demandait poliment : « Est ce qu'on peut entrer avec une sucette ? » au pied du monument mémorial. J'ai marché près des boulangeries si chères qu'elles ne vendent pas de pain. Et près des sacs à dos sur les genoux, dans les transports en commun. J'ai marché dans les villes, comme l'enfant né des mille mères d'un coup. J'ai marché pieds et vite, j'ai marché pas et souffle, j'ai marché c'était pour fendre et m'ouvrir le ventre.

✦

J'ai manifesté pour ton retour, à Plaisir, pendant 15 kilomètres aujourd'hui.
J'avais ma pancarte écrite dans ma paume. Reviens.
Mon amour, je suis le vieux moulin d'un jeune village.
Laisse-moi, un an encore, te garder l'amour.
Je marche. Corps, ma balustrade de chasteté.
J'ai marché comme un journal de conquêtes ou un long éphéméride d'absence et abstinence.
J'ai marché et occupé cœur et corps.
Je suis le vieil escalier fourbu d'une villa neuve.
Reviens.
J'ai vu au-dessus des garages de jardin se morfondre le panier de basket cloué à l'enfance de la maison.
J'ai marché et croisé l'hôpital Charcot, blanc lieu de Plaisir. J'ai marché comme une hystérique.
L'écriture n'a pas besoin que je lui dise tout, mais je lui dis tout.
J'imagine tes doigts dans mes mains, quand parfois je me touche.
Reviens.
Reviens avec le grand plaisir.

✦

C'était un jour bleu, dont il fallait endurer la douceur.
Il y avait ces mots pour toujours arrimés au souvenir d'où on les avait appris. Edelweiss, un jour dans Boule et Bill.
Pourquoi les deuxièmes étages des cafétérias me rendent triste ?
Et les arrêts de bus avec une valise de train.
Il faut mener sa vie jusqu'au bout.
J'ai vu l'automne par terre.
La nuit nos mains nous sont la lune, qui nous montrent les murs et le chemin.

J'ai vu les mains amoureuses, paumes prises et les poings des déçus.
Est-ce qu'avoir une seule des deux chaussures de luxe est encore luxueux ?
J'ai vu l'homme porter son accordéon comme un vieux sac à dos.
C'était un jour bleu et triste,
La tristesse des choses écloses, déjà écloses,
J'ai vu les amoureux jouer comme des enfants à Jacques a dit.
Jacques a dit de m'embrasser. Jacques a dit embrasse-moi.

NOAH TRUONG

nuit / nuit

à toutes celleux qui ont cru, les nuits solitaires de leur jeunesse, que l'amour ne viendrait pas

NUIT /
n'aie pas peur. tu te tournes en boule dans ton lit, au milieu de la nuit. comme toutes les nuits. tes parents, tes frères et sœurs dorment. dans cette chambre ? dans une autre ? c'est égal. tu fais le moins de bruit possible. tu ne réveilleras personne. ta prière est faite en silence. tu connais chaque geste, les mots tu les changes régulièrement. tu ne peux pas te tromper. Dieu, le divin, est avec toi. c'est égal que tu le saches ou pas. tu es un enfant béni. tu es de Dieu. tu ne peux pas te tromper. tu parles directement à Dieu. tu dis *Seigneur, Tu, Toi*. c'est le moment. tu fais partie de la création. tu demandes quelque chose. on ne peut pas te tromper. tu es patient*e* mais tu ne renonceras à rien. tu exiges la parole de Dieu. un jour, tu seras aimé*e*, et tu aimeras en retour.

/ NUIT
je suis de l'autre côté, dans une chambre qui m'appartient, dans laquelle nul*le* ne rentre que je n'ai moi-même invité. pas mes parents ni mes frères et sœurs. j'attends *quelqu'une* dans le lit où iel se couchera avec moi, me poussant contre le mur pour ne pas me perdre dans le sommeil, abandonnant son eau dans ma bouche et sur mon ventre, des cheveux en ressorts entre mes draps. l'amour est concret et dur comme du béton. indiscutable, une maladie. je suis le poumon de Dieu. un enfant béni. je respire dans le sexe du corps que j'aime. je perds ma main. j'avale l'air de son ventre et de son larynx. je bois, je mange. je suis divin. je fais partie de la création. je meurs parmi les autres êtres vivants. j'appartiens

à la première nuit du monde. je suis comme elle bleuté. on pose sa tête sur ma poitrine. je m'endors sans savoir quel corps j'ai. lequel le mien, lequel le sien.

la chaise vide

à côté de moi. il y a une chaise vide
où siège la personne que j'ai été
vingt-huit ans
et qui n'a plus sa trace
dans le corps qui a été le sien.
n'est-ce pas si étrange ?
enveloppe. cocon. mue
qui s'émancipe. ce véhicule
je pensais l'animer, et c'est lui qui me change.
je ne sais pas. ne sais rien. ne connais pas la morale
ou la leçon de cette histoire. pas même si elle est folle
ou raisonnable. je n'ai rien appris de ma
métamorphose. un savoir a été perdu. je suis le seul
dernier veilleur du moi-même.

on peut le faire

il n'y a pas beaucoup d'espace mais on peut le faire. on peut essayer. on sait pas comment faire mais on tente. c'est comment ? ça se passe comment ? je suis pas sûr*e*. d'abord on peut se regarder et se parler. la plupart du temps iels ne nous remarqueront pas, tu sais. on a qu'à faire comme si de rien. on ira s'asseoir à la table et on se tient tout de suite les mains. on peut essayer de se promener. que nos corps se touchent. on peut s'embrasser en public. c'est vrai que moi ça m'amuse. on s'embrasse et on les laisse là. bouche bée ou pas. de toute façon iels comprennent rien. à cette fille à moustache et ce pd avec des seins.

si tu veux on peut essayer de faire tous ces trucs que font les gens. visiter des appartements, aller voir ma famille, rêver à faire des enfants. on peut copier-coller nos photos dans des scènes comme ça. on peut essayer. même si on a pas la tête pour. même si on est juste coll*ées* dans ce décor, au milieu de ces gens. ce truc qui s'appelle France. qui a dedans toutes les raisons pour lesquelles on est là, toi et moi. chacun*e* de notre côté nos raisons avec nos têtes. les raisons que les gens de cet endroit veulent oublier quand iels nous regardent. qu'on leur rappelle pas trop.

« un mariage basané », une amie m'a dit sans savoir ce qu'elle disait. j'ai compris que ma main est foncée parce que la tienne est plus claire et tu n'es pas blanc*he*. je nous imagine toi et moi nu*es* et enlac*ées*, ressemblant... à quoi ? qui m'a appris ma langue, enseigné la métaphore, pour que je n'en trouve pas pour décrire deux corps bruns noués l'un à l'autre par l'affection ? n'y a-t-il rien, dans ce monde dans lequel on m'a mis, de béton, de plastique, de fer, qui est brun et qui est beau ?

mes nuits queer

....
....
....
....
....
....
....
....

(tu le sais si t'en es)

je les ai écrites à l'encre sympathique
juste pour celle*ux* que j'aime.

LAURA VAZQUEZ
& OLIVIA TAPIERO

Nous sommes arrivées au moment du cadavre

j'étais des œufs de poissons morts quand j'étais jeune
j'étais les moisissures de la vie

les œufs des poissons morts les moisissures de la vie

parlent
ne disent rien

on regarde une personne et

quelque chose d'elle passe

en nous on regarde

une personne et rien ne passe en nous
on

regarde une personne les moisissures de la vie

disparaissent

les moisissures de la vie apparaissent sur mes camarades

j'aime

mes camarades d'un amour

bon long

j'étais avec mes camarades

certaines étaient vivantes d'autres non

certaines avaient un poisson mort

dans les mains

et celle qui n'avait pas de poisson mort dans les mains me dit
nous sommes arrivées au moment du cadavre

les bords des lacs sont agréables quand on est en vie
les bords des lacs aiment les lacs
il est bon d'être un bord
les bords des cadavres sont des lacs
les insectes s'absorbent
dans le lac et la nuit
n'absorbe pas les insectes
les insectes absorbent la nuit
on dirait la voix de dieu

oui
la voix de dieu passe peut-être en nous
certainement
la voix de dieu moisit peut-être en nous
certainement
personne ne passe
certainement
une personne passe
ceci se nomme

quelque chose
on regarde une personne et ceci se nomme

quelque chose
ceci
nomme quelque chose

car les personnes nomment les choses
les poissons ne sont pas morts entre les êtres

en

nous

rien ne passe

dans

une personne

un amour

mort

bon long

quand j'étais

jeune je passais

non

une voix apparaît

dans mes mains

comme

l'œuf d'un poisson

mon amour

passe

dans l’eau morte

et certaine

et l’eau morte me dit

nous sommes à ce moment

ANDRÉ VELTER

La tête à vif

Donner suite

Encore un peu
De cet entêtement rimbaldien !
Jusqu'à quitter ce monde infâme
Et son infâme inhumanité.

Encore un peu
De cet effort inutile, absolu,
Qui attise le cran et l'aubaine
D'un seul vrai poème.

Encore un peu
De ce débordement aride,
De cette liesse sans écho,
Qui prend royalement la route

D'une fastueuse infortune.

✦

Bénédiction

Même s'il n'est pas d'autre plan
Que de tout laisser en plan,
Je n'échappe pas aux sursauts métronomes
De mon satané tempérament !

Jeu, hors-jeu et passe,
Je reviens à contre-voie et contre moi

Dans le spectre magnétique
Qui multiplie les passades prosaïques et les pôles versifiés,

Et je remonte sur un ring désaccordé,
Conscient comme jamais
En cet âge de ferraille, de bigoterie, de faux bronze,
Que le noble art est une bénédiction

Avec un beau KO à la clé.

✦

Solitaires à outrance

Je ne vais pas forcer le trait
De ce que vous avez déjà désarçonné.

Il y va de l'honneur
De ne pas vous déshonorer.

Aucun fourvoiement,
Aucune captation d'hérésie.

Un salut net, sans bavure,
Sans faiblesse ni morale.

Rien qui altère votre soif,
Rien qui cadre votre colère.

Désaccordés de naissance,
Vous êtes des solitaires à outrance,

La tête à vif
Contre les murs.

Vos sursauts de nuit abrupte
M'ont toujours régénéré.

Je vous garde comme autant
D'exclamations calcinées,

Injonctions irréductibles
D'on ne sait ce qui brûle.

N'est-il pas, Jacques Vaché !
Donc c'est non, Henri Michaux !
Pas question, Paul Valet !
Sans seuil, sans sol, sans ciel, Armand Robin !
Apatride à temps plein, Ghérasim Luca !
De l'inconvénient d'être né, Emil Cioran !
Abandon en suspens, Alejandra Pizarnik !
Autre corps qui navigue, Al Berto !

Avec vous,
Contrebandiers des lignes de feu,

Géomètres des gouffres
Et des insomnies suicidaires,

Activistes de l'être au long cours
Et de l'irrémédiable,

Avec vous
Qui n'êtes avec personne.

panier

Mettez de l'eau dans
Posez un ravin
Ayez la tête à l'ancêtre
Ouvrez grandes vos groseilles
Voyagez à la surface des roses
Guettez le vers dans la paume
Glissez des caresses dans les boîtes à l'être
Lancez des bouées de sauvages
Tenez un journal de corps
Suivez le vide
Allez promener le rien trois fois par jour
Ayez les yeux en face des clous
Mangez à tous les bateliers
Arlette à la bombe !

✦

Je marche dans la ville
comme dans un poème
le béton est un mot
dur à la plante du pied
l'air vicié un autre mot
qui griffe le poumon
l'herbe entre deux pavés une virgule
qui espère l'immense prairie
le moteur incessant
un point sur ma paupière
à mes lobes pendouillent
deux trottinettes
qui cliquettent en carcasses
jetées à la décharge
la lune pointe d'exclamation
entre deux tours
qui lèchent la voie lactée
le soleil
parenthèse éternelle
pour les yeux assoiffés
un corps endormi sous le porche rime
avec un corps au milieu du trottoir
sur la valise abandonnée
je marche dans la ville
comme dans un poème
le rythme est saccadé
le vers est dans la paume
chaque visage sonne l'alarme
le monde brûle
les cerisiers explosent le boulevard
ma feuille est rouge
mon cœur est rage

CHRISTIAN VIGUIÉ

À Céline Walter

Cela a l'air idiot
mais je donne un nom aux pierres
aux feuilles qui tombent
aux regards des enfants
des femmes et des hommes
que je croise
Je redonne les noms aux morts
pour que leurs noms pépient
comme des ombres
et s'allient au chant des merles
Je donne des noms au silence
au bruit de l'eau
aux pétales étonnés d'un myosotis
aux mouvements des choses
à une fenêtre qui s'ouvre
au nombre de pas
qui sont à la fois les pas et les yeux
du chemin
à nos mains qui pour caresser ou saluer
laver verres et assiettes
ont tourné mille fois autour du soleil
juste pour être dans ce monde
Je donne des noms aux noms
car ils sont paupières et clés
pattes d'encre et d'oiseaux
et plus sûrement ce cahier
provisoire et imprévisible
sur lequel nous n'avons pas encore écrit.

✦

Il y a un abîme et un calme miraculeux
lorsque l'ont dit : je suis là
j'essuie une assiette
mon regard est attiré par un vol de grues
une eau sale tourbillonne dans mon évier
mon enfance a traversé jardins et champs
et je me souviens de la couleur d'un iris
quand il touchait le ciel orageux
Je prends conscience que ce n'est pas ma pensée
mais ma distraction qui relie et différencie
toutes ces choses
Dans ma tête il n'y a pas de grenier
pas d'ombre
seulement le passé le présent et le futur
qui sont des lampes utiles
Il n'y a aucun mystère enfoui
dont pourrait s'accaparer une quelconque science
Il y a ce désir de danser
et d'accoler ce qui existe
une chaise avec une rivière
l'absence d'une femme
avec le chant d'un rouge-gorge
la manière dont je mourrai avec un brin d'herbe
ou avec le pas d'un inconnu dans le sable
la nuit avec le cul cabossé d'une poêle
et si secret il y a
si jamais on voulait encore croire à un secret
il s'agirait simplement de mettre en écho
les choses entre elles
et pour toute explication
s'en tirer avec une pauvre métaphore
comme par exemple :
réinventer le bruit d'un ruisseau
qui se moquerait éperdument de savoir
s'il file vers la prairie
vers un fleuve ou vers la mer.

✦

Aujourd'hui
J'ai bu un verre de blanc avec un ami
Il m'a raconté plusieurs histoires
Il visite les vieux cimetières
s'assoit près d'une tombe
et parle au hasard avec un mort
Il lui dit qu'il aime bien le jour
car il ressemble à un lézard
qui se faufile et disparaît
derrière la fissure d'un mur
Il demande au mort
s'il se souvient de la forme d'un nuage
ou d'une pierre
de la danse des iris près de la rivière
de son premier baiser et de sa première caresse
qui furent brûlure de soleil ?
Quels sont les mille mots
qu'il a donnés au vent
aux vagues de la mer
ou à la poussière
à un amour qui vint et ne vint pas ?
Quel est le poids de ce galet
qu'il jeta enfant pour toucher les nervures du ciel
et quels sont ses autres mille mots
pareils à des mains
dont l'humble et invisible travail
est de tisser le silence et la mémoire ?
Avant de partir il me confie :
Parler et se taire sont une seule et même chose
Cela est utile
car nous entrons dans les rêves
des femmes et des hommes qui dorment.

THOMAS VINAU

Entre deux portes

Elles sont lourdes vos portes
même ouvertes
de l'autre côté
il y a toujours des loups
de ce côté-ci
toujours des soldats
nous resterons là
culs glacés
sur la pierre de seuil
dans les courants d'air
qui jouent avec la crasse
à imaginer
un autre horizon

Ce jour, comme toujours

Ce jour, comme toujours, il fut question de trouver un refuge, un exil, la possibilité d'une émergence. De réunir à nouveau les chances d'une apparition, l'honnêteté d'une brèche, un souffle, même minime, même légèrement grotesque. Quelque soient les moyens, là était la mission de chacun. D'y parvenir n'était pas véritablement la question. Un instant au moins il ne serait plus seul. Puisque le désert avançait, inéluctable, et la totalité des couleurs avec lui.

Trouée

Toute trouée
c'est une mer d'huile
toute noire
et toute trouée
il y a des visages
qui émergent à la surface
puis disparaissent
des mots
des filles
des livres
il y a des souvenirs
des jaillissements
de ventre
et de nuit
des rires de drogué
des sensations de pouvoir
des regards partagés
du partagé oui
un peu
du su
du cru
nu
et maquillé
il y a toute sorte
d'images
de fleurs
de goûts
de fruits
des arrière-goûts
de rêve dans la bouche
des peurs
des fuites
des nœuds

des phrases solides
comme un mousqueton dans la roche glacée
tout ça
qui émerge à la surface
puis disparaît
dans cette mer d'huile
calme
limpide
toute noire
et toute trouée

Sans toutes ses peaux
(à Aline)

Elle me dit qu'elle est déchirée
par la fatigue et la séparation
d'avec la vieille maison
d'abord la maladie
et puis la mort de Pierre
et puis les affaires
les livres
la maison
un peu comme
si elle avait dû elle-même
arracher chacune
de ses peaux
à présent elle se repose
seule avec son chat
j'imagine qu'elle a froid
même en pleine canicule
elle a froid
sans toutes ses peaux
je suppose que c'est cela
vieillir
qu'il s'agit de ça

de s’éloigner
comme l’éléphant
d’être de plus en plus loin
de ce qui nous a tenu chaud
elle nous appelle
prend des nouvelles
des enfants
du chien
de nos petits lampes
je voudrais
lui dire les rires
comme un voile
sur ses épaules abîmées
je voudrais
frotter les mots
comme deux cailloux
et rallumer une braise
une toute petite braise
pour la poser
entre ses mains

PIERRE VINCLAIR

La Descente du Rhône

Extrait

À Jérémy Cheval

1.

« Le Rhin est bien identique au Rhin, quoiqu'il change constamment », ai-je lu dans *Le monde n'existe pas* et j'ai reposé le livre, enjambé le serpentin blanc du câble d'ordinateur, espérant percer par la fenêtre le néant-soleil du ciel grisâtre, qui me faisait tout de même plisser les yeux, et repérer, sous les belles montagnes embassinant le lac placide, non tel camion brutal roulant en direction de Lausanne mais Clémence, filant en mini vers Genève.

D'autres scènes ont lieu à Bellegarde ou Culoz, Lyon, Vienne, Valence entre les villes, entre les toponymes, et à Sarras en Ardèche, où semble attendre quoi pourtant, la caravane de Jérémy.

La table avec bidon d'eau ; la petite bonbonne couleur or ; le liseré rouge autour de la caravane, la bande noire du canal de dérivation aux feuillages dansant dans toute la gamme du vert ; l'aquarelle ne joue pas à la peinture mais se pose-devant comme Jérémy tout aux ateliers de Louis-Vuitton, cachés heureusement, malheureusement par les arbustes exubérants de Saint-Vallier.

Situations singulières et impossibles à deviner. Le monde existe : le monde en devenir existe - cela signifie que Rhône n'est jamais identique à Rhône.

2.

Au réveil, la péniche baignait encore dans l'atmosphère du songe comme dans une période qui m'expliquerait tout : sur le fleuve qui parcourt les terres de la montagne à la mer et à l'océan, distribuant sur son chemin la vie qui frémit dans les arbustes, les rémiges des oiseaux ou les cordes vocales des gens, je la voyais, produit d'humaine industrie chargeant d'autres produits destinés à se déverser sur les berges solides pour la croissance cette fois surnaturelle (des objets manufacturés immobiles et de la mort) par laquelle le miracle s'est retourné en débâcle, comme une clé, et maintenant flottant figée dans les eaux peu transparentes de l'aquarelle je ne sais plus - d'où vient-elle ? où va-t-elle et que nous explique-t-elle ? comme un arbuste ou un oiseau, il y a moins là un symbole ou une allégorie qu'une solitude donc un mystère, un nœud de non-dits mêlés aux gongs des grues sur la carlingue.

STÉPHANIE VOVOR

À mes sœurs

C'est pour les filles dont le trait d'eye-liner est mieux tracé que l'avenir,

Celles qui sont déjà ratées avant d'avoir mis un pied en grande section de maternelle,

Celles qui n'ont pas su rectifier le tir et ne prononceront jamais de grands discours lors d'une remise de diplômes comme quoi elles sont le pur produit de la méritocratie et bla-bla-bla,

Celles qui ont la flemme,

Les paresseuses du fond de la classe qu'on n'a pas envie de se coltiner parce qu'elles ralentissent le groupe,

Celles qui refusent de faire un stage de 80 h/semaine car leur but dans la vie c'est pas « avoir une résidence secondaire et peut-être une autre après »,

Celles qui ont mal et à qui on répond qu'elles se plaignent trop, qu'il serait bon d'arrêter de s'écouter,

que « ça va bien se passer »,

Celles qu'on interpelle dans la rue pour leur ordonner de sourire parce que c'est plus joli,

Celles qui se disent souvent qu'un truc colle pas,

qu'elles sont éveillées au sein d'un rêve qui n'est pas le leur,

Celles qui parfois sont tout comme sidérées dans leurs têtes, ont le corps qui se fige, restent pétrifiées dans leur lit et murmurent des prières pour ne pas en arriver au point de s'uriner dessus,

Celles noyées émotionnellement,

Celles chez qui la peur a tout inondé au point qu'elles ne se sentent plus capables de penser, encore moins d'écrire,

Celles qui déconnent à bloc,

Celles qu'on traite de candidates au viol dans la rue,

Celles qui ont la cervelle rongée de haine,

Celles qui matent des films d'épouvante chaque soir pour tenter d'oublier que le plus souvent l'horreur est à l'intérieur de la maison,

Celles qui ne peuvent pas affronter le monde sans cachetons,

Toutes celles qui sont un brasier.

Ils s'emparent de l'époque

Au début je regardais les informations à la télé, les chaînes où ils passent en boucle toutes les actualités bien absurdes de France et du monde, enfin surtout de France, et ça me calmait, ça me faisait comme une berceuse.
Si l'on se concentre bien comme il faut, la voix du présentateur devient un long chant ronronnant et atone, les images se changent en amas de couleurs, ce sont des successions de taches nébuleuses qui affluent dans la tête, elles en perdent leur sens.

On se sent tout comme étourdi, on ne pense plus à rien.

Mais petit à petit est arrivée comme une infime résistance, petit à petit ce n'était plus possible de rester focalisée sur la cadence, petit à petit les phrases sont revenues.
Lors des émissions de débat, je me suis mise à ne plus entendre les notes mais les syllabes, progressivement les sons se sont changés en mots.
Avant je me souviens ça faisait batoufsh gukqano jpm kpriespta crij mm ddifnzeu ôjtzpnue hy cha qosleuef edrnb puis c'est devenu sans prévenir *mais pourquoi dqfeq supprime-t-on l'ISF, defzerf iohi ce zaefz les qefa riches qui polluent le plus aezjnf aeuiunp pudh un yacht dzf en une semaine consomme autant qu'un Français en vingt-huit ans, en 2022 les géants du pétrole ont engrangé plus de 200 milliards de profits tandis que 15 % des Français vivent sous le seuil de pauvreté*

Je faisais des efforts pour repousser ces discours,
mais il y eut soudain beaucoup de orange sur les chaînes,
des tas de nuances fascinantes et terribles,
des flammes jaillissantes qui se sont transformées en incendie puis en voitures-panneaux-grilles-façades-brûlés

et les voix disaient :

c'est indécent
ils profanent
ils s'approprient les symboles
ils s'emparent de l'époque
ils installent du désordre
ils sont la poussière sous le tapis
ils sont le doigt dans le pot de confiture
ils sont les enfants de divorcés
ils sont la culotte qui rentre dans les fesses
ils sont le Destop renversé sur le carrelage
ils sont la sueur à l'arrière des genoux
ils sont les corps qui remontent à la surface
ils sont la rumeur qui s'immisce dans les os
ils sont si familiers qu'ils en deviennent étranges
ils sont la lassitude à ciel ouvert
ils sont les nouvelles marges de manœuvre
ils sont les mondes oniriques ruminant des souvenirs
ils sont l'infini défilé du désamusement
ils sont les batailles inégales et insensées
ils sont les royaumes non atteints des héroïnes oubliées
ils sont les lumineuses déclinaisons de nos échecs
ils ne sont pas définis par ce qui nous vient facilement
ils sont ceux qui se trompent peut-être mais n'ont pas tort
ils sont le soulagement des cœurs
dans les terminaisons nerveuses
ils sont moins poétiques que dans les romans
ils sont la chaîne des bas instincts qui s'achève
ils sont la fureur de dire
ils sont cette promesse que l'on regrette
ils sont la littérature dans l'estomac
ils sont la seconde d'une intensité folle
ils sont les histoires inventées pour oublier la merde
ils sont la possibilité d'une éventuelle

CHEHEM WATTA

Marcheurs irréels

les pieds sur terre

Nous avons tous pris la lune pour un perdreau
sans luminance sans sang fraternel sur la route
        la terre s'offre par petits bouts de semelles
c'est une belle folie que de suivre en silence
la bêtise du soleil qui guide de ses pas
        l'effacement par l'oubli

À la queue leu leu les songes
        précipice du jour clos
comme une déchirure précipitée
au sol blanchâtre que la nuit étale
        l'œil est seul tout seul pour voir

s'abreuver de sel et de soif
        sur des terres saignées à blanc
enjamber le climat qui dérègle
        l'horloge affolée des pauvres

L'enfant du petit matin à la chute du soir
        habite au milieu des jours étranges
sa marche garde sourire à toute épreuve
portant des colliers pareils aux traces perdues

Karibu[1] dit-il piétinant le temps des non-dits
        pour vaincre les querelles tribales
dans les cantiques des nuits blanches
où tout est combat des pensées passagères
        quand ses doigts dérivent pour chanter

1. Karibu : bonjour en swahili, langue africaine parlée dans plusieurs pays de l'Afrique orientale et australe.

L’ombre de la plus vieille écorce a battu son vrai âge
inscrit au bout de chaque feuille
tout voltige nous revient encore sur terre
chaque voyage est une rouille lavée du temps

C’est de nuit qu’il faut marchander
les phares des yeux touchent le vide
j’aperçois le héron triste dans son bleu marécage
tracer l’âme de chaque halte brève matrice
où l’on doit peser prières et temps morts sans muezzin

La vanité est de garder silence
sur nos longues déchirures des siècles
l’absurde est de ne pas pister
les lendemains qui nous happent
où j’entends palpiter les combats à venir

À l’heure où les frontières partout surgissent
nos pas fourbus nos battements du cœur s’unissent
face à nos déambulations terrestres
face aux marées d’injures de blessures
face aux rumeurs stériles
face aux débats haineux et creux
le courage reste l’horizon des gens libres.

Djibouti, le 24 août 2024

CLARA YSÉ

Nuit moite comme tes mains dans le berceau
Nuit moite comme le visage de la mort sur mon front
Nuit moite comme les fantômes fous
Qui se rassemblent autour de la maison
Et la nuit silencieuse est repliée sur elle-même
Le corps bouge sans bruit
La douleur ravage le cerveau ne reste que la pensée broyée
Le sécateur entre directement dans la racine du monde
Je ne sais plus qui est ce moi qui se tord
Nuit moite comme les anciens navires
Laissés à l'abandon sur le béton
Salauds puissants agiles fragiles enfants
Salauds le cœur en miettes et les larmes et le sang bleu
Ramenez-la
Je l'attends sur la rive ravagée de joie
Le pied ferme le pied marin le pied musicien je chante
Serifos aux portes bleues
Les hommes dorment les chats guettent
Le silence de la montagne nous mange doucement
En attendant le déluge
Salauds enfants de la terreur
Enfermés à double tour dans des tours immenses
Seuls et encombrés de leurs pensées mêmes
Il m'arrive de croire
Que vous avez une dette envers moi

Jette le ciel aux pieds
Des autonomes
Des sans-attaches
Dis-leur que rien ne sert de craindre
La nuit la traversée les épées renversées
Au-dessus de leurs têtes
Chante-leur
Les comptines de leur enfance
Les forêts infinies
Jette le ciel à leurs pieds
Et vois le soleil leur manger le visage
Comme au premier jour
Quand la peur tailladait leurs cuisses
Quand il a fallu choisir
Le parti de la vie
Le parti du courage
Le parti de la nuit véritable
Et du lever du jour
Dis-leur merci
Dis que la traversée fut rude
Mais que des aurores
Baignent leurs têtes endormies
Jette le ciel aux pieds des autonomes
Des louves sans domicile
Des oiseaux aux yeux troubles

Sous la mécanique des anges
Le réel s'agrandit
Repousse
Les murs
Parle d'une voix inaudible
Chante les mots
Qui n'existent pas encore
Retourne avant la parole
Quand la langue était de sel
Quand elle était de terre et d'eau
Quand elle était de vent
Et qu'elle courait entre les arbres
La langue de silence
Qui remonte vers le ciel
Et pleure sur nos têtes amnésiques
D'humains réduits
À n'entendre que la colère
Sous la mécanique des anges
Parle encore aux étoiles
À ce qui nous dépasse
À l'immensité infinie
Amoureuse
La plénitude et la fatigue

Repères bibliographiques

L'immense majorité des textes figurant dans cette anthologie sont inédits. Nous remercions vivement les auteurs de nous les avoir confiés. Ils en conservent bien sûr l'entier copyright. On trouvera ci-dessous les références bibliographiques des autres textes, ainsi que diverses précisions. Un grand merci aux éditeurs et revues qui nous ont autorisé leur publication.

Sylvestre Clancier
Le poème présenté a été publié dans le n° 41 de la revue *La Traductière*, juin 2024.

Jean Gabriel Cosculluela
Le poème présenté a été publié dans le n° 1 de la revue *Vif*, éditions Trente oiseaux, juin 2024.

Cécile Coulon
Le poème présenté est l'un des inédits regroupés dans la réédition collector du recueil *Les Ronces* (Le Castor Astral, 2018 ; rééd. 2024).

Guy Goffette
Les inédits présentés sont tirés de textes manuscrits (dans un carnet au format 8 x 10 cm) retrouvés par Dany Martin. Cet ensemble (dédié à Philippe Soupault et daté manuellement par l'auteur 3/8/81) est intitulé *Épilepsie / force 12 (poèmes posthumes*

retrouvés). Les éditions Fata Morgana ont publié au printemps 2007 un opuscule de 24 pages, aujourd'hui épuisé, illustré par Joël Leick, tiré à 30 exemplaires, intitulé *Épilepsie force douze*. Les poèmes figurant ici ne sont pas contenus dans l'édition Fata Morgana. Le poème final, « Les larmes » a été retrouvé par Dany Martin sur le bureau de l'auteur.

Charles Juliet
Le poème dédié à Philippe Jaccottet est tiré du n° 13 de la revue *Jungle* (dossier Charles Juliet, 96 pages, paru en mai 1990). Des versions différentes du poème ont été publiées dans *L'Autre chemin* (Arfuyen), *La Conquête dans l'obscur* (Jean-Michel Place) et *Pour plus de lumière* (Poésie / Gallimard).
L'ensemble de rélexions sur la poésie est tiré du n° 17 de la revue *Jungle* (juin 1996). Ces extraits proviennent de l'entretien accordé par Charles Juliet à Bernard Bretonnière en janvier 1996.

Caroline Lamarche
Les textes présentés ont été publiés en septembre 2024 par la revue en ligne *AOC*.

Annie Le Brun
Les poèmes présentés sont tirés de *Ombre pour ombre*, © Éditions Gallimard, 2024.

Nimrod
Les poèmes présentés ont été publiés par *Revue de Belles-Lettres*, à Genève, en 2024.

Jean-Pierre Otte
Le poème présenté est extrait de *L'Immunité merveilleuse (aventures sans alibis)*, livre publié par les éditions Sans escale en mai 2024.

Pauline Picot
Les poèmes « Je viens vous annoncer... » et « Quand il n'y a plus moyen... » sont tirés de *Permettez-moi de palpiter*, © éditions Vroum, 2024.

Jacques Réda

Le poème « L'exposition » est extrait de l'anthologie *100 poètes d'aujourd'hui – Poésie du Louvre,* © Éditions Seghers, 2024.

Jacques Roubaud

Les deux poèmes présentés sont tirés de l'anthologie *Ces mots traversent les frontières*, © Le Castor Astral, 2023.

James Sacré

L'ensemble de poèmes est extrait de *Des objets nous accompagnent*, livre à paraître aux Presses universitaires de Rouen et du Havre (PURH).

Laura Vazquez & Olivia Tapiero

Le poème présenté, « Nous sommes arrivées au moment du cadavre », est paru dans la revue numérique *cunni lingus* en 2024. https://qunnilingus.wixsite.com/cnnlngs

Stéphanie Vovor

Les textes présentés sont tirés de *Frénésies*, © Le Castor Astral, 2023.

Clara Ysé

Les textes présentés sont tirés de *Vivante*, © Éditions Seghers, 2024.

Notes biographiques

ADONIS (pseudonyme d'Ali Ahmad Saïd) est né en 1930 au nord de la Syrie. Emprisonné, il fuit le Liban pour se réfugier à Paris à partir de 1985. Régulièrement cité parmi les possibles lauréats du prix Nobel, il est aussi traducteur (Henri Michaux, Saint-John Perse, Yves Bonnefoy, René Char) et essayiste. Il a notamment reçu le prix Goethe, le prix Max-Jacob, le prix Stig-Dagerman et le prix Margarit de Poésie. Il est notamment l'auteur de *Métamorphoses, migration* (Mercure de France), *Syrie : un seul oreiller pour le ciel et la terre* (Éditions du Canoë) et *Mémoire du vent* (*Poésie* / Gallimard).

Marc ALYN est né à Reims en 1937. À l'âge de 20 ans, il reçoit le prix Max-Jacob. Et par la suite le prix Apollinaire et le Goncourt de la poésie. Sa vie de scribe errant est narrée dans ses mémoires : *Le Temps est un faucon qui plonge* (Pierre-Guillaume de Roux). Marc Alyn est notamment l'auteur de *La Combustion de l'ange*, *Proses de l'intérieur du poème* et *Les Alphabets du feu* (Le Castor Astral), ainsi que de *Forêts domaniales de la mémoire* (La Rumeur libre).

ARTHUR H (Arthur Higelin, dit) est né à Paris en 1966. Auteur-compositeur-interprète et musicien plusieurs fois récompensé lors des Victoires de la musique, il est par ailleurs poète et écrivain. Sa musique mêle jazz, pop, chanson, electro, trance et musique planante. Sa discographie comporte une vingtaine d'albums dont deux en talk-over avec Nicolas Repac. Il est l'auteur de *Le Cauchemar merveilleux* (Actes Sud), *Fugues* (Mercure de France), *Onirique attaque* (Textuel) et *La Musique des mots* (Points / Seuil).

Anna AYANOGLOU est née à Pithiviers en 1985. Bruxelloise depuis 2014, elle anime l'émission « Et la poésie, alors ? » pour Radio Panik. Elle est l'auteure de trois recueils, *Le Fil des traversées* (Gallimard, prix Apollinaire Découverte et prix SGDL Révélation de poésie), *Sensations du combat* (Gallimard) et *Appartenir* (Le Castor Astral, prix Emma Martin de l'Association des Écrivains belges de langue française).

Ritta BADDOURA est née au Liban en 1980. Elle vit en France depuis 2008. Elle rédige des chroniques pour *L'Orient Littéraire*. Créé lors de la guerre de l'été 2006 au Liban, son blog de poésie « Ritta parmi les bombes » (publié par Dar Al Saqi) a été lu par des milliers de lecteurs. Elle a reçu le prix Max-Jacob Découverte. Ses lectures explorent, en solo ou avec des musiciens, les rencontres entre texte, oralité, son et mouvement. Elle est l'auteure de *Ici désert* (Carnet d'un voyage au Niger, photos de R. Mirza, Dergham), d'*Arisko Palace* (Plaine Page), de *Parler étrangement* et *Désaltère* (L'Arbre à paroles).

Julien BAER est né à Paris en 1964. Il est chanteur, musicien, réalisateur musical et photographe. Premier album éponyme paru en 1997. Suivent plusieurs albums inspirés de ses expériences et de ses voyages. Musicalement, son univers est éclectique : funk, pop, electro, musiques planantes. Il est l'auteur d'ouvrages de littérature jeunesse et de trois livres-CD écrits avec Philippe Katerine, ainsi que de *Les Beaux jours et les autres*, avec des dessins de Philippe Katerine (Seghers).

Adeline BALDACCHINO est née à Rilleux-le-Pape (Rhône) en 1982. Magistrate à la Cour des comptes. Elle est l'auteure d'essais consacrés à Max-Pol Fouchet, Raoul Vaneigem (Michalon), Fernando Pessoa (Libertalia) et Diogène de Sinope (Autrement), ainsi que de *La Ferme des énarques* (Michalon) et *Michel Onfray ou l'Intuition du monde* (Le Passeur), et du roman *Celui qui disait non* (Fayard). Sa poésie est éditée par Les Venterniers, Rhubarbe, Les Hommes sans épaules et L'Ail aux ours.

Olivier BARBARANT est né à Bar-sur-Aube en 1966. Il a dirigé l'édition de l'œuvre poétique d'Aragon dans la Pléiade. Nombre de ses recueils sont publiés aux éditions Champ Vallon dont *Un grand instant*. L'anthologie *Odes dérisoires et autres poèmes* est éditée dans la collection *Poésie* / Gallimard. Il a reçu le prix Tristan-Tzara, le prix Mallarmé et le prix Apollinaire. Derniers livres parus : *De olvidarte nunca (suite pour André)* (Les Venterniers), *Séculaires* et *Partitas pour violon seul* (Gallimard).

Linda Maria BAROS, née à Bucarest en 1981, vit à Paris. Elle est l'auteure de sept recueils dont *La Nageuse désossée. Légendes métropolitaines* (Le Castor Astral). Lauréate du prix de la Vocation et du prix Apollinaire, elle a également reçu le Grand Prix SGDL de poésie, le Prix international francophone du Festival de la poésie de Montréal et le prix Rimbaud de la Maison de Poésie de Paris. Rédactrice en chef de la revue *La Traductière*, elle est Directrice du Printemps des Poètes.

Rim BATTAL est née à Casablanca (Maroc) en 1987. Elle vit en France depuis 2013. Formée au journalisme et à la photographie à Rabat et Paris, elle co-dirige le Bordel de la Poésie. Elle est notamment l'auteure de *Vingt poèmes et des poussières, Latex* et *Transport commun* (LansKine), *L'Eau du bain* (Supernova ; Le Castor Astral), *Les Quatrains de l'All inclusive, Mine de rien* et *X et Excès* (Le Castor Astral), ainsi que de *Pommes Girl* (Éditions Kulte). Elle a reçu le prix CoPo.

Tahar BEN JELLOUN est né à Fès (Maroc) en 1947. Son premier poème a été publié en 1968 dans la revue *Souffles*. En 1971, suite à l'arabisation de l'enseignement de la philosophie au Maroc, il part pour la France. Peintre et romancier, il est lauréat du prix Goncourt pour son roman *La Nuit sacrée* (Seuil). Parmi ses livres de poésie : *Le Discours du chameau*, *Douleur et lumière du monde* (*Poésie* / Gallimard) et *La Remontée des cendres* (Points / Poésie).

Véronique BERGEN est née à Bruxelles en 1962. Romancière, essayiste et poète, docteur en philosophie, elle travaille à l'interface de la philosophie, du roman et de la poésie. Elle collabore à diverses revues comme *Lignes, Art Press* et *Diacritik*. Elle est l'auteure d'ouvrages autant consacrés à Jean Genet ou Gilles Deleuze qu'à Patti Smith ou Janis Joplin. Derniers livres parus : *Avant, pendant et après* (La Lettre volée) et *Moctezuma, le dernier soleil* (MaelstrÖm).

Zéno BIANU est né à Paris en 1950. Il est l'un des signataires du *Manifeste électrique* qui secoua la poésie des années 1970. Chez Gallimard, il a notamment publié *Infiniment proche, Le désespoir n'existe pas, Prendre feu* (avec André Velter), *D'un univers funambule, Pierrot solaire* et *Les Anges récidivistes.* Le Castor Astral a publié une tétralogie musicale consacrée à Chet Baker, Jimi Hendrix, John Coltrane et Bob Dylan, ainsi que *Satori Express, Bleu fauve* et (avec Yves Buin) *Santana de toutes les étoiles*. Il a reçu le prix Robert-Ganzo pour l'ensemble de son œuvre.

Arthur BILLEREY est né en 1991 en Franche-Comté, au cœur de la Grande Brasserie d'Audincourt. Il vit en Suisse à Vevey. Cofondateur des éditions La Veilleuse, à Lausanne, il est aussi fondateur de Trousp, une chaîne Youtube dédiée à la littérature suisse. Il est l'auteur de *À l'aube des mouches* (L'Aire) et de *La Ruée vers l'ombre* (Empreintes). Il a reçu le prix Rimbaud de la Maison de Poésie de Paris.

Alexandre BONNET-TERRILE est né à Paris en 1999. Son premier recueil, *Les Numérotés*, a paru au Castor Astral. Très remarqué, ce livre d'un auteur de 17 ans a obtenu le prix Découverte Apollinaire et le prix Fondazione Primoli (Rome). Il a été suivi de *Via Boston*, préfacé par Olivier Barbarant, et de *Et l'origine s'y refuse* (Le Castor Astral). Il est également l'auteur de *Portrait du bienvenu*, préfacé par Christian Doumet, et de *L'Année, le rêve et le jeudi* (Fata Morgana).

Alain BORER est né à Luxeuil en 1949. Spécialiste mondial d'Arthur Rimbaud (auquel il a consacré une douzaine d'ouvrages notamment pour Seuil et Gallimard), il est poète (*Tout tombe*, Dumerchez), romancier (*Koba*, Seuil, prix Joseph-Kessel), dramaturge, critique d'art et écrivain-voyageur. Alain Borer est en quête de ce qu'il appelle le *noème*. Il a reçu le prix Apollinaire et le prix Édouard-Glissant pour l'ensemble de son œuvre.

Yves BOUDIER est né à Saint-Hilaire-du-Harcouët (Manche) en 1951. Il préside l'association c/i/r/c/é Marché de la Poésie. Après avoir collaboré aux revues *Action poétique* et *Passage d'encres*, il a rejoint la revue *Europe*. Parmi ses derniers livres : *Silentiaire* (La Lettre volée), *en vie (intra-foras)*, avant-dire d'Esther Tellermann (éditions du Paquebot) et *Poèmes pour les p'tits (qui savent lyre)* (LansKine).

Sara BOURRE est née à Paris en 1988. Elle se produit sur scène avec des musiciens (notamment le groupe Crashing Dolls), dans des projets où se croisent texte, matière sonore et visuelle. Elle a étudié l'art dramatique au conservatoire Jacques Ibert. *Maman, la nuit* (Noir sur Blanc) est son premier roman, écrit dans le cadre du master en création littéraire de Paris-VIII. Elle est également l'auteure de *À l'aurore, l'insolence* (Éditions du Cygne), *La Favorite* (coll. « Vrilles », Zone critique) et *Chambre 908* (Le Castor Astral).

Nicole BROSSARD est née à Montréal (Québec) en 1943. Elle est l'auteure d'une quarantaine de livres dont *D'aube et de civilisation – poèmes choisis, 1965-2007* (Typo), *Vertige de l'avant-scène* (Écrits des Forges), *Temps qui installe les miroirs* (Le Noroît) et *Temps réel du poème* (Le Castor Astral). Elle compte parmi les chefs de file d'une génération qui a renouvelé la poésie québécoise dans les années 1970. Elle a notamment reçu le prix Benjamin-Fondane et le Grand Prix de la Maison de Poésie.

Tom BURON est né à Évry en 1992. Il est l'auteur de *Nadirs* (MaelstrÖm), *Marquis Minuit* (finaliste du prix Apollinaire Découverte et du Prix Révélation SGDL, Le Castor Astral), *La Chambre et le Barillet* (L'Angle mort) et *Les Cinquantièmes hurlants* (Gallimard). Il a rassemblé avec Franck Médioni *Le Nom du son*, une anthologie jazz et poésie (Le Castor Astral).

Gérard CARTIER est né à Grenoble en 1949. Il a mené une carrière d'ingénieur. Il a reçu le prix Tristan-Tzara, le prix Max-Jacob et le Grand Prix SGDL de poésie. Il est notamment l'auteur de *Le Désert et le Monde* et *Le Voyage intérieur* (Flammarion), *Méridien de Greenwich* (Obsidiane), *Les Métamorphoses* (Le Castor Astral) et *Le Roman de Mara* (Tarabuste). Coordinateur de la revue électronique *Secousse*, il est aussi romancier et essayiste.

Patricia CASTEX MENIER est née en 1956 à Paris, où elle réside toujours. Elle est l'auteure de nombreux livres de poésie chez Cheyne, L'Amourier, les éditions Henry, Vincent Rougier, Al Manar, Aspect et Tipazza, ainsi que d'un récit aux éditions La Dragonne. Parmi ses dernières parutions : *L'Instinct du tournesol* et *Havres* (Lieux-Dits), *Cargo* (À l'index), *Accoster le jour* (avec Sylvie Fabre G., La Feuille de thé), *L'Œil à facettes* (avec Werner Lambersy et Jean-Pol Stercq, Rhubarbe).

Sylvestre CLANCIER est né à Limoges en 1946. Dans les années 1960-70, il participe aux avant-gardes (*TXT*, *Génération*, *Textruction*). Il est l'auteur d'une quarantaine de livres (poèmes, essais, fictions). Les éditions La Rumeur libre ont regroupé en trois tomes ses *Œuvres poétiques* et publié *La Source et le Royaume*, *Par ces voix de fougères qui te sont familières*, *Un regard infini / Tombeau de Georges-Emmanuel Clancier*. Les éditions L'herbe qui tremble ont publié *Le Témoin incertain*, *Le Discobole du futur* et *Un an en Petite Garabagne*.

William CLIFF est né à Gembloux (Belgique) en 1940. Il a reçu le Grand Prix SGDL de poésie, le prix Roger-Kowalski, le Grand Prix de poésie de l'Académie française et le Goncourt de la poésie. Il est notamment l'auteur de *America* suivi de *Existence* (*Poésie* / Gallimard), *Amour perdu* et *Au nord de Mogador* (Le Dilettante), ainsi que de *Épopées*, *Matières fermées*, *Le Temps* suivi de *Notre-Dame* et *Des destins* (La Table Ronde).

François de CORNIÈRE est né à Caen en 1950. Il a animé pendant 30 ans dans cette ville les fameuses « Rencontres pour lire ». Il milite pour une poésie ouverte sur le quotidien, la vie réelle. Il a reçu les prix RTL / *Poésie 1* et Apollinaire. Le Castor Astral a notamment publié *Boulevard de l'Océan*, *Nageur du petit matin*, *Ça tient à quoi ?*, *Quelque chose de ce qui se passe*, *Les Façons d'être* et *Ces traces de nous*. Son anthologie personnelle, *Un peu de nos vies*, est parue en Points / Poésie.

Jean Gabriel COSCULLUELA est né à Rieux-Minervois (Aude) en 1951. Origines : Haut Aragon. Vit en Ardèche. Traducteur de l'espagnol et du catalan. Il écrit en français, espagnol et fabla, ainsi qu'à la croisée de ces langues. Premiers éditeurs : Atelier des Grames, Jacques Brémond. Livres récents : *Vida (suite pour Roger Laporte)* (Artgo & Cie), *Sobrarbe* (Propos 2) avec Christian Sorg, *Nuidité du noir* (L'Étoile des limites) avec Pierre Soulages.

Cécile COULON est née à Clermont-Ferrand en 1990. Elle est lauréate du prix Mauvais genres, du prix du Meilleur roman des lecteurs Points, du Prix des Libraires et du Prix littéraire *Le Monde*. Elle est l'auteure de romans parus chez Viviane Hamy, puis de *Une bête au paradis, Seule en sa demeure* et *La Langue des choses cachées* (L'Iconoclaste). Ainsi que de trois livres de poésie, *Les Ronces*, pour lequel elle a reçu le prix Apollinaire et le prix SGDL Révélation de poésie, *Noir volcan* et *En l'absence du capitaine* (Le Castor Astral).

CharlÉlie COUTURE est né à Nancy en 1956. Artiste « multiste », il est chanteur, compositeur, peintre, écrivain, graphiste et photographe. Il a enregistré une vingtaine d'albums dont *Poèmes Rock*, *Lafayette*, *Même pas sommeil* et *Contre toi,* ainsi que de B.O. de films (*Tchao Pantin*, *Toy Story*, etc.). Il est notamment l'auteur de *Solo Boys & Girls* (Seghers), *La Mécanique du ciel* (Le Castor Astral), *New York Memories* (Le Cherche Midi) et *Des éclairs de lune* (Le Passeur).

Seyhmus DAGTEKIN est né à Harun (village du Kurdistan) en 1964. Né au français à l'âge de 22 ans, il arrive en France en 1987. Lauréat du Prix international de poésie francophone Yvan-Goll, du prix Théophile-Gautier de l'Académie française, du prix Benjamin-Fondane et du prix Mallarmé. Le Castor Astral a publié une douzaine de ses livres dont *Juste un pont sans feu, À l'ouest des ombres* et *De la bête et de la nuit.* Il est également l'auteur du manifeste *Sortir de l'abîme* et de *À la source, la nuit* (Robert Laffont, rééd. Le Castor Astral).

Jean D'AMÉRIQUE (Jean Civilus) est né en Haïti en 1994. Il a reçu le Prix de poésie de la vocation, le prix Apollinaire-Découverte et le prix Heredia de l'Académie française. Il écrit pour le théâtre, *Rhapsodie rouge, Opéra poussière,* etc. (Éditions Théâtrales). Il est aussi l'auteur de *Petite fleur du ghetto* (MaelstrÖm) et de plusieurs livres chez Cheyne dont *Rhapsodie rouge, Rachida debout* et *Quelques pays parmi mes plaintes,* ainsi que du roman *Soleil à coudre* (Actes Sud).

Jacques DARRAS est né à Bernay-en-Ponthieu (Somme) en 1939. Il a fondé la revue et les éditions In'hui. Il compose depuis 1988 un poème en plusieurs chants sur une rivière côtière de la Manche, *La Maye.* Traducteur de l'anglais (Whitman, Lowry, Blake, etc.). Il a reçu le prix Apollinaire et le Grand Prix de poésie de l'Académie française. Dernières parutions : *L'Indiscipline de l'eau* (*Poésie* / Gallimard), *Je m'approche de la fin* (Gallimard), *Le Chœur maritime de la Maye* et *La Mer en hiver sur les côtes de la Manche* (In'hui / Le Castor Astral).

Séverine DAUCOURT est née à Belfort en 1970. Ses plus récents livres sont *Transparaître* et *Noire substance* (LansKine). Les précédents ont paru à La Lettre volée (Bruxelles). Elle a reçu le prix Ilarie-Voronca. Elle-même chanteuse, elle a créé à la Maison de la Poésie de Paris un cycle de rencontres poésie/chanson, « La Fabrique ». Elle est membre du Comité de lecture de la Comédie-Française. Elle traduit de la poésie et du théâtre islandais.

Guillaume DECOURT est né à Paris en 1985. Poète et pianiste, « baroudeur de carte postale », il a vécu dans de nombreux pays. Il a reçu le prix Max-Jacob. Il est notamment l'auteur de *La Termitière* (Polder / Gros Textes), *Les Heures grecques* et *Un gratte-ciel, des gratte-ciel* (LansKine), *À 80 km de Monterey* et *Le Bonjour de Christopher Graham* (Æthalidès), ainsi que de *Lundi propre* et *Un temps de fête* (La Table Ronde).

Chloé DELAUME est née à Versailles en 1973. Romancière, poète, dramaturge, essayiste, performeuse et chanteuse, elle multiplie les expériences artistiques. Son œuvre est centrée sur la pratique de la littérature expérimentale et la problématique de l'autofiction. Lauréate du prix Décembre pour *Le Cri du sablier* (Farrago), elle est l'auteure de *J'habite dans la télévision* (Verticales), *Une femme avec personne dedans* et *Pauvre folle* (Seuil), *Phallers* (Points). Pour son roman *Le Cœur synthétique* (Seuil), elle a reçu le prix Médicis.

Patrice DELBOURG est né à Paris en 1949. Il fut l'un des « papous » de l'émission « Des Papous dans la tête » sur France Culture. Il est l'auteur d'une cinquantaine d'ouvrages dont *Les Désemparés* (Le Castor Astral) et *Les Jongleurs de mots* (Écriture). Lauréat des prix Max-Jacob, Alain-Bosquet et Théophile-Gautier de l'Académie française, ainsi que du prix Apollinaire. Le Castor Astral a notamment publié *Longtemps j'ai cru mon père immortel, Solitudes en terrasse* et *Le Singe du side-car.*

Denise DESAUTELS est née à Montréal en 1945. Son travail est marqué par sa conscience d'être une femme qui écrit. Auteure d'une quarantaine d'ouvrages, elle a notamment reçu le prix Athanase-David, le prix Jean-Arp et le prix Apollinaire. Derniers livres parus : *Disparaître,* avec onze œuvres de Sylvie Cotton (L'herbe qui tremble / Le Noroît), *L'Angle noir de la joie* suivi de *D'où surgit parfois un bras d'horizon* (*Poésie* / Gallimard).

Samuel DESHAYES est né à Lisieux en 1978. Il enseigne en Normandie et écrit où il peut. Membre du collectif Pou, il participe aux campagnes du Projet poétique planétaire. Seul, il a publié *Sonnés* (LansKine), et avec Guillaume Marie, *Ça écrit quoi* et *La Fin du monde,* préface de Jacques Jouet (LansKine).

Cyril DION est né à Poissy en 1978. Écrivain, réalisateur, poète et activiste écologiste, il a co-fondé avec Pierre Rabhi le mouvement Colibris et la revue *Kaizen*. Il a co-réalisé avec Mélanie Laurent le film *Demain,* César du meilleur film documentaire, puis les films *Après demain* et *Animal*. Il est l'auteur de *Demain, Imago, Petit manuel de résistance contemporaine* et *Résistances poétiques* (Actes Sud), ainsi que de *Assis sur le fil* (La Table Ronde) et *La Route sans fin* (Le Castor Astral).

Hélène DORION est née à Québec en 1958. Elle est considérée comme l'une des voix majeures des littératures francophones.

Avec son livre *Mes forêts* (Bruno Doucey), elle est la première autrice vivante et la première Québécoise à figurer en France au programme du Baccalauréat. Parmi ses récentes parutions : *Pas même le bruit d'un fleuve* (Folio / Gallimard) et *Un visage appuyé contre le monde et autres poèmes* (*Poésie* / Gallimard). Elle a reçu en 2024 le Grand Prix de poésie de l'Académie française pour l'ensemble de son œuvre.

Ariane DREYFUS est née au Raincy (Seine-Saint-Denis) en 1958. Elle a reçu le prix des Découvreurs. Le Castor Astral a notamment publié *Sophie ou la vie élastique* et *Le Double été*. Elle est l'auteure de plusieurs livres chez Flammarion, ainsi que de *La lampe allumée si souvent dans l'ombre* (Corti), *Comme si c'était hier* (Tarabuste) et *Nous nous attendons* suivi d'*Iris, c'est votre bleu* (*Poésie* / Gallimard). Matthieu Gosztola lui a consacré un ouvrage aux éditions des Vanneaux.

Alain DUAULT est né en 1949 à Paris. Poète, romancier, essayiste, animateur de radio et de télévision spécialisé dans la musique classique et l'opéra, il est éditorialiste à *Classica*, directeur artistique de *Viva l'opéra* dans les cinémas UGC. Il a notamment reçu le Grand Prix de poésie de l'Académie française, le prix Alain-Bosquet et le prix Mallarmé. Derniers livres de poésie parus : *Car la douceur de vivre est périssable* et *Le Ciel jaloux des roses* (Gallimard).

Anne DUJIN est née en 1981. Politiste et sociologue de formation, elle a été chercheuse au CRÉDOC avant de devenir rédactrice en chef de la revue *Esprit*. Elle est l'auteure de trois recueils : *L'Ombre des heures* (L'herbe qui tremble), *Noyau manquant* (Gallimard) et *Vous étiez un monde* (Gallimard).

Louise DUPRÉ est née à Sherbrooke (Québec) en 1949. Elle a reçu le Grand Prix Québecor du Festival de la poésie de Trois-Rivières, le prix du Gouverneur général du Canada et le prix Vénus Khoury-Ghata. Elle est notamment l'auteure de la trilogie *Plus haut que les flammes*, *La Main hantée* et *Exercices de joie* (Le Noroît / Bruno Doucey). Elle est membre de l'Académie des lettres du Québec, de l'Ordre du Canada et du Parlement des écrivaines francophones.

FALMARÈS est né à Conakry (Guinée) en 2001. À l'âge de 14 ans, il quitte son pays. Arrivé en Lybie, embarqué sur un zodiac, il arrive dans un camp pour « migrants » en Italie. Depuis 2017, il réside à Nantes. Il est l'auteur de deux recueils aux éditions Les Mandarines, puis de *Catalogue d'un exilé* (Flammarion) où, dans sa préface, Nimrod décrit le livre comme un assemblage d'espaces sphériques, semblables aux boucles rythmiques de la kora, instrument emblématique de la musique mandingue.

Estelle FENZY est née dans les Hauts-de-France en 1969. Après avoir vécu près de Lille puis à Brest et en Arles, elle vit à Dijon. Elle est notamment l'auteure de livres édités par La Part commune, Al Manar, Le Petit Flou, La Boucherie littéraire et LansKine. Derniers livres parus : *50* (avec Samantha Barendson, La Boucherie littéraire), *Boîtes noires* (Le Chat polaire), *Une saison fragile* (La Part commune), *Le Goût des merveilles* (Corvelour) et *N'oublie pas* (L'Ail des ours).

Michèle FINCK est née à Mulhouse en 1960. Poète, pianiste, critique, traductrice, librettiste, scénariste. En 1981, elle fait la rencontre décisive d'Yves Bonnefoy. Elle est professeure de littérature comparée à l'université de Strasbourg. Elle a reçu le prix Louise-Labé, le prix Max-Jacob, le prix Vénus-Khoury-Ghata et le prix Apollinaire. Ses livres de poésie sont principalement édités chez Afuyen. Derniers parus : *Connaissance par les larmes, Sur un piano de paille, La Ballade des hommes-nuages* et *La Voie du large.*

Rodrigue FONDEVIOLLE est né à Paris en 1995. Romancier, poète et photographe, il est l'auteur d'un premier roman, *Billets bleus* (Éditions du Seuil), tableau d'un nouveau siècle, âpre, queer et inquiet, qu'il dépeint avec une précision froide sous laquelle affleure une évidente tendresse pour les parcours marginaux.

Gaëlle FONLUPT est née à Albertville en 1980. Membre du comité de la revue *la forge*. Auteure du roman *Elle voulait vivre dans un tableau de Chagall* (éditions d'Avallon) et du recueil *À la chaux de nos silences* (Corlevour). Pour ce livre, elle a reçu le prix Max-Jacob Découverte et a été sélectionnée pour le prix Apollinaire

Découverte et le prix Ganzo Espoir. Elle a traduit la poésie de Ron Rash, *Réveiller les morts* (Corlevour).

Paul FOURNEL est né à Saint-Étienne en 1947. Auteur de romans, de nouvelles, de poésies, de pièces de théâtre et d'essais, il a aussi publié des romans pour la jeunesse. Il a reçu le prix Goncourt de la nouvelle et le prix Renaudot des lycéens. Il a été entre autres éditeur chez Ramsay et Seghers. Régent du Collège de 'Pataphysique, il est membre de l'Oulipo depuis 1972. Auteur d'une trentaine de livres publiés par Gallimard, Le Seuil, Le Castor Astral, Les Venterniers, P.O.L, etc.

Lili FRIKH s'est fait connaître comme chanteuse. Après *Lalala* chez Polygram (album « CHOC » dans *Le Monde de la Musique*) et *Peinture sans Peinture* (prix de l'Élan créateur), elle publie *BLEU / ciel non compris,* préface d'Alain Borer (Gros Textes). D'autres livres : *Carnet sans bord* (La Rumeur libre) et *La Vie monstre* (La Boucherie littéraire). Hors sol, elle enregistre *Tu t'appelles comment,* un album d'ambiant électronique et poésie (éditions f4, Berlin). Aujourd'hui, elle dit « Moi non », et publie *Un mot sans l'autre* (Éd. Mars-A).

Laurence FRITSCH est poète et haïkiste, elle vit près de Paris et s'évade dès qu'elle le peut dans les montagnes pyrénéennes. « Depuis longtemps, les mots de couleur me fascinent. Leur sonorité, leur texture, leur exotisme : zinzolin, smaragdin, bistre, pralin, ponceau... J'admire Philippe Jaccottet et James Sacré pour leur art de mettre de la couleur dans leur poésie. » Ses livres : *Supplique pour la fin des nuits sans lune* (Pierre Turcotte) et *Ses semelles sont d'écorce* (Bleu d'encre).

Laure GAUTHIER est née à Courbevoie en 1972. Elle vit à Paris. Elle écrit des textes poétiques, des récits, des essais et des œuvres multimédias. Elle s'inscrit dans le dépassement des frontières entre poésie sonore et écrite. Elle est notamment l'auteure de *je neige (entre les mots de villon)* et *les corps caverneux* (LansKine), ainsi que du roman *Mélusine reloaded* (Corti), à la fois fable féministe, dystopie écologique et conte futuriste, pour lequel elle a reçu le prix du Premier roman.

Albane GELLÉ est née à Guérande en 1971. Elle a publié une trentaine de livres édités par Jacques Brémond, Les Carnets du Dessert de Lune, Esperluète, Seuil, Cheyne, L'Ail des ours, Le Castor Astral ou La Rumeur libre. Derniers livres parus : *Abécédaire de vive gratitude* (avec Patrick Dubost, LansKine), *Et dans mes bras* (éd. A2), *Être dans l'air* (Les Lieux dits). Elle a reçu le prix des Découvreurs. À Chênehutte, près de Saumur, elle a créé une petite structure poético-équestre.

David GIANNONI est né à Nice en 1968. il vit d'abord en France, puis à Rome et à Bruxelles. Fondateur et directeur de la maison d'édition MaelstrÖm, scénariste (« Polders », réal. Claudio Serughetti – Arte/Rtbf), co-fondateur du réseau Réévolution poétique avec Lawrence Ferlinghetti, Alejandro Jodorowsky et Antonio Bertoli. Poète, peintre, performeur et thérapeute, il est notamment l'auteur de *Œil ouvert œil fermé* et *Il faut choisir son chant* (MaelstrÖm).

Jean-Louis GIOVANNONI est né à Paris en 1950. Assistant social en psychiatrie pendant plus de 35 ans. Il a été membre du comité de rédaction de la revue *Le Nouveau Recueil*. Il a reçu le prix Georges-Perros. Les éditions Unes ont notamment publié *Garder le mort, Issue de retour, Les mots sont des vêtements endormis, L'air cicatrise vite* et *Le Visage volé, poésies complètes 1981-1991*, ainsi que *Au présent de tous les temps*, correspondance croisée avec Bernard Noël.

Guy GOFFETTE, né frontalier à Jamoigne (Belgique) en 1947, est décédé à Namur en 2024. Poète et romancier, il a reçu le Grand Prix de poésie de l'Académie française pour l'ensemble de son œuvre, ainsi que le prix Mallarmé, le prix Max-Jacob et le Goncourt de la poésie. Il est notamment l'auteur de *Éloge pour une cuisine de province, Le Pêcheur d'eau, Petits riens pour jours absolus, Pain perdu* et *Paris à ma porte* (Gallimard).

Paloma Hermina HIDALGO est née à Châteauroux en 1988. Elle est l'auteure de *Cristina* (préface d'Alain Borer, Le Réalgar), *Rien, le ciel peut-être* (préface de Dominique Sampiero, Sans Escale) et *Matériau Maman* (Corlevour). Michel Deguy, le premier, la publie dans la revue *Po&sie*. S'il repose sur une base autobiographique, son travail littéraire entend la transcender librement par la fiction pour toucher à l'incommunicabilité de la douleur et de la jouissance.

Cécile A. HOLDBAN est née à Stuttgart en 1974. Hongroise d'origine, elle vit à Paris. Peintre et traductrice (Attila József, Frigyes Karinthy, Virginia Woolf), elle co-anime la revue *Ce qui reste*. Elle réalise des livres d'artistes avec des poètes et plasticiens. Elle est notamment l'auteure de *Un nid dans les ronces* (La Part commune), *Poèmes d'après* (Arfuyen, prix Yvan-Goll, prix Calliope du Cénacle européen de la francophonie), *L'Été* (Al Manar) et *Toucher terre* (Arfuyen).

Charles JULIET, né à Jujurieux (Ain) en 1934, est décédé à Lyon en 2024. Romancier (*L'Année de l'éveil,* Grand Prix des lectrices de *Elle*), il a publié plusieurs tomes de son *Journal* chez P.O.L. Le Castor Astral a publié sa biographie par Anne Lauricella, *Charles Juliet, d'où venu ?* En poésie, il est notamment l'auteur de *L'Autre chemin* (Arfuyen), *Affûts* et *Moisson* (P.O.L), *Pour plus de lumière* (*Poésie* / Gallimard). Il a reçu le Goncourt de la poésie et le Grand Prix de littérature de l'Académie française.

Vénus KHOURY-GHATA est née à Bcharré (Liban) en 1937. Elle s'installe à Paris en 1972. Elle a reçu le Grand Prix de poésie de l'Académie française, le Grand Prix de poésie de la SGDL, le Goncourt de la poésie, le prix Apollinaire et le prix Mallarmé. Romancière pour les éditions Belfond, Flammarion, Actes Sud et au Mercure de France. Livres de poésie : *Orties* (Al Manar), *Les Obscursis, Ouvrons les arbres, Le Livre des suppliques* et *Éloignez-vous de ma fenêtre* (Mercure de France), ainsi que *Les mots étaient des loups* (*Poésie* / Gallimard).

Abdellatif LAÂBI est né à Fès (Maroc) en 1942. Fonde en 1966 la revue *Souffles* qui a subverti le champ culturel au Maghreb. Son combat pour la liberté lui a valu d'être emprisonné au Maroc. Depuis

1985, il vit en France. Il a reçu le Goncourt de la poésie, le Grand Prix de la francophonie et le prix Mahmoud-Darwich. Il est notamment l'auteur de *La poésie est invincible* et *La Terre est une orange amère* (Le Castor Astral), ainsi que de *L'Arbre à poèmes* (*Poésie* / Gallimard).

Caroline LAMARCHE est née à Liège en 1955. Romancière, nouvelliste, poète et chroniqueuse, elle écrit aussi de la littérature jeunesse, des pièces radiophoniques et des textes pour la scène. Elle a notamment reçu le prix Goncourt de la nouvelle, le prix Rossel et le prix Radio France internationale. Ouvrages récents : *Papiers collants* (avec Nathalie Amand, La Pierre d'Alun), *La Fin des abeilles* (Gallimard), *Dix ans* (avec Paul Mahoux, Cambourakis), *Cher instant je te vois* (Verdier) et *Le Jour du chien* (Minuit).

Christophe LANGLOIS est né à Gisors (Eure) en 1973. Romancier, nouvelliste, poète et essayiste. Dévoué à Borges, Roald Dahl et Tintin, aux jardins anglais et à la poésie allemande, il a préfacé *Sommeils* de Robert Desnos (*Poésie* / Gallimard). Il a reçu le Grand Prix de l'Imaginaire. Il est notamment l'auteur de *Dieu en automne Paris septembre 1972* (Cerf), *Couper les ponts* (L'Arbre vengeur) et *Dans le visible* (Gallimard).

Mélanie LEBLANC est née près de Rouen en 1980. Elle est notamment l'auteure de *Des falaises* (Cheyne), *Éphéméride*, *Des étoiles filantes*, *Quand mon cœur*, *Les gens qui osent*, *Le Manifeste du nous* et *108 vœux* (Les Venterniers), *Presque je vole* et la traduction de poèmes de Karen Dalton (Littérature Mineure), ainsi que de *Le Labyrinthe des jours* et *Encrer l'invisible* (Le Castor Astral). Elle donne des lectures publiques, parfois musicales, et propose des ateliers d'écriture.

Annie LE BRUN, née à Rennes en 1942, est décédée en Croatie en 2024. Étudiante en lettres, elle découvre ce qui changera et déterminera sa vie : le surréalisme. Elle rencontre André Breton en 1963 et prend part aux activités du mouvement surréaliste jusqu'en 1969. Ses livres *Lâchez tout* (1977) et *Vagit-prop* (1988) créent la polémique. Spécialiste de Sade, elle restera toute sa vie une sentinelle en colère. En 2024, elle publie *Ombre pour ombre* (*Poésie* / Gallimard).

Yvon LE MEN est né à Tréguier (Côtes d'Armor) en 1953. Depuis *Vie* (1974), écrire et dire sont ses métiers. En 1997, il ouvre un espace dédié à la poésie au festival Étonnants Voyageurs de Saint-Malo. Il est notamment l'auteur de *Le Jardin des tempêtes – poèmes 1971-1996* (Flammarion), *Les Épiphaniques, Les continents sont des radeaux perdus* et *Un soir d'avoir été* (Bruno Doucey), ainsi que de *À perte de ciel* (Bayard). Il a reçu le Goncourt de la poésie.

Julia LEPÈRE est née à Paris en 1987. Poétesse et comédienne, elle donne des lectures publiques de ses textes ou de ceux des autres. Elle travaille avec différentes compagnies, souvent autour de l'improvisation et de l'écriture de plateau. Elle est également formée à l'art du clown. Elle est l'auteure de *Je ressemble à une cérémonie* (Le Corridor bleu), *Par elle se blesse* (Flammarion) et *Molly Fall* (L'Angle mort).

Pierre LEPÈRE, né à Lyon en 1944, est décédé à Paris en 2023. Romancier, essayiste, poète, auteur pour la jeunesse, il est révélé dès 1976 par le recueil *Les Antipodes* (Gallimard). Ses livres ont été publiés par les éditions Bordas, Hatier, La Différence, Verticales, Flammarion et L'Archipel. Il a créé et animé les éditions Z4 éditions. Parmi ses derniers livres de poésie : *Cœur citadelle* et *Le Locataire de nulle part* (La Différence), *Presque un rêve* (Z4 éditions) et *Écrit sur le sable* (Douro).

Sophie LOIZEAU est née à Versailles en 1970. Son univers est marqué par la présence d'une nature qui fraye avec le fantastique et le mythologique, avec le désir et la sexualité. Elle a reçu le prix Georges-Perros et le prix Yvan-Goll. Elle est notamment l'auteure de *Les Épines rouges* (Le Castor Astral), *L'Île du renard polaire de To Kirsikka* (Champ Vallon) et *Poèmes paniques*, anthologie 1999-2020 (LansKine).

Lisette LOMBÉ est née à Namur (Belgique) en 1978. Ses espaces d'écriture et de luttes s'appuient sur sa propre chair métissée, son parcours de femme, de mère, d'enseignante. Elle anime des ateliers d'écriture et de slam. Elle est notamment l'auteure de *Tenir* et *On ne s'excuse de rien* (MaelstrÖm), de *Brûler, brûler, brûler* (L'Iconopop), ainsi que du roman *Eunice* (Seuil), Grand Prix du Roman de Belgique. Nommée Poétesse nationale de Belgique pour les années 2024 et 2025.

Kristell LOQUET est née en 1978 à Suresnes. Depuis 2005, elle anime les éditons Marcel le Poney. Elle prend part aux expositions, aux éditions des travaux et à la vie de Jean-Luc Parant depuis sa rencontre avec lui en 1999, rencontre qui fut pour elle une nouvelle naissance. Elle est notamment l'auteure de *Nuit de notre amour* (Les Venterniers), *Le temps est un peu couvert, mais le soleil est là* (Tarabuste) et *L'Aumaille* (L'Atelier contemporain).

Christophe MANON est né à Bordeaux en 1971. Il est l'auteur d'un tripyque réunissant *Extrêmes et lumineux, Pâture de vent* et *Porte du Soleil* (Verdier). Ce dernier livre, roman en vers ou poème narratif, est la chronique d'un séjour au pays des morts, sur les modèles de Virgile et de Dante. Derniers livres parus : *Signes des temps* (Héros-Limite) et *Tout disparaîtra* (sun/sun). Il a reçu le prix Révélation de la SGDL et le prix des Découvreurs.

Guillaume MARIE est né à Coutances en 1979. Fondateur du collectif Pou, il est membre occasionnel du Projet poétique planétaire. Il est l'auteur du roman *Les Watères du Château* (Bouclard) et de l'essai *Je vais entrer dans un pays* (Corti). Et, avec Samuel Deshayes, des recueils *Ça écrit quoi* et *La Fin du monde* (LansKine).

Eva MARZI est née en 1985 à Genève. Elle a reçu le Prix de poésie de la Société genevoise des écrivains et le prix Renée-Vivien pour *Nuit scribe* (Éditions d'En bas). Finaliste du prix Apollinaire Découverte et lauréate de la bourse d'écriture Nouvel.le auteur.e du canton de Genève pour son second recueil, *Hippocampe* (La Veilleuse). Elle travaille à la Maison Rousseau et Littérature et co-organise les Rencontres de Bienne.

Franck MÉDIONI est né à Sens en 1970. Journaliste et anthologiste, il a reçu le prix André-Manoukian. Livres édités au Castor Astral, chez Seghers, Gallimard et Fayard. Spécialiste du jazz, il a consacré de nombreux livres à Thelonious Monk, Charlie Parker, John Coltrane, Louis Armstrong, Miles Davis, Michel Petrucciani, etc.

Avec Tom Buron, il a assemblé *Le Nom du son* (Le Castor Astral), une anthologie jazz et poésie postfacée par Jacques Réda.

Blandine MERLE est née à Poitiers en 1981. Elle anime des ateliers d'écriture. Elle a reçu le Prix de poésie de la Vocation et le Prix du premier recueil (Fondation F.A. Finances pour la poésie) pour *Par obole* (Cheyne), ainsi que le prix Apollinaire Découverte. Elle est également l'auteure de *Naître et mourir* (Gallimard), livre inspiré par la concomitance entre une grossesse et l'accompagnement de personnes en fin de vie.

Marie MODIANO est née à Paris en 1978. Elle a composé des albums pour les labels Naïve et Nest & Sound. Auteure des recueils *28 Paradis, 28 Enfers, Espérance mathématique* et *Pauvre chanson* (Gallimard), ainsi que deux romans pour L'Arbalète / Gallimard, et *Lointain* (Collection Blanche / Gallimard). Avec Peter von Poehl et Jason Glasser, elle a conçu le spectacle *Sur les chemins de Patti Smith.* Avec Peter von Poehl, elle a publié l'album *Capri – Ballad of the Spirit* (Nest & Sound).

Antoine MOUTON est né à Feurs (Loire) en 1981. Poète, romancier et nouvelliste, il est l'auteur de *Au nord tes parents* (La Dragonne, puis La Contre Allée), Prix des apprentis et lycéens de la région PACA, ainsi que de *Le Metteur en scène polonais, Imitation de la vie* et *Toto perpendiculaire au monde* (Christian Bourgois), *HKZ le livre du revenir* (Ypsilon), *Chômage monstre, Poser problème* et *Les Chevals morts* (La Contre Allée). Il a reçu le prix CoPo.

Julie NAKACHE est née à Évreux en 1981. Vit à Angoulême. Écrit de la poésie et des romans. Elle est notamment l'auteure de *Le Sang des filles* (Exopotamie), *Pont d'ombres* (Les Petites allées), *Il neige un peu de lui sur le seuil où elle attend, Le Reflet des méduses, En silence et sur la pointe des pieds* et *Portraits au visage manquant* (Éditions d'Écarts), *Une nuit noire et longue* (Le temps qu'il fait). En collaboration avec des illustratrices, elle réécrit des mythes ou des récits pour la jeunesse.

NIMROD est né à Koyom (Tchad) en 1959. Poète, romancier et essayiste, il a entre autres reçu le prix de la Vocation, le prix

Benjamin-Fondane, le prix Édouard-Glissant, le prix Ahmadou-Kourouma, le prix Max-Jacob et le prix Apollinaire. Parmi ses derniers livres de poésie : *Sur les berges du Chari, district nord de la beauté* (Bruno Doucey), *J'aurais un royaume en bois flottés,* anthologie personnelle 1989-2016 (*Poésie* / Gallimard) et *Anniversaires & paquets cadeaux* (Obsidiane).

James NOËL est né à Hinche (Haïti) en 1978. Il écrit en créole et en français. Il a reçu le Prix littéraire des Caraïbes et le Prix international de littérature à Berlin. Ancien pensionnaire de la Villa Médicis, il est notamment l'auteur de *Kana Sutra* (Vents d'ailleurs), *Des poings chauffés à blanc* (Bruno Doucey), *Belle merveille* (Zulma), *Brexit et la migration des murs* (Au diable Vauvert), *Le Pyromane adolescent* (Points / Poésie). Il co-dirige la revue *IntranQu'îlités* avec Pascale Monnin.

Nicole M. ORTEGA est née à Santiago (Chili) en 1982. Écrivaine, metteuse en scène et comédienne chilienne. Au théâtre, elle a travaillé avec M. Langhoff, B. Boëglin, R. Brünel, G. Morin. Côté performances, avec P. Huyghe et Liv Schulman. Au cinéma, avec Lucie Borleteau, Santiago Loza et Zoel Aeschbacher. Elle dirige la compagnie Naturtranë. Elle a collaboré au livre *Hold-Up 21* (éditions Anne Carrière). Son premier roman, *Même le froid tremble*, paraît aux mêmes éditions. Elle a écrit le spectacle *Femages* pour la compagnie La Colonie bakakai.

Jean-Pierre OTTE est né à Ferot-Ferrières (Ardennes liégeoises) en 1949. Il vit dans le Lot. Romancier, poète, peintre et chroniqueur, il a reçu le prix Nature de la Fondation de France et le prix Max-Jacob. Ses livres sont principalement édités chez Robert Laffont, Julliard, Seghers et Le temps qu'il fait. Livres de poésie récents : *Sur les chemins de non-retour* (Corlevour) et *L'Immunité merveilleuse (aventures sans alibis)* (Sans escale).

Sarah-Louise PELLETIER-MORIN est née à Longueuil (Québec) en 1993. Auteure d'un mémoire sur la poésie de Michel Houellebecq et d'une thèse sur la politisation du théâtre au Québec, elle a reçu le prix Émile-Nelligan. « J'ai des doutes par rapport à la vie après la mort, mais il m'arrive de croire que tu m'entends quand je m'adresse à un arbre. » Elle est l'auteure de *Mythologies québécoises* (Nota Bene) et *Le Marché aux fleurs coupées* (La Peuplade).

Serge PEY est né à Toulouse en 1950. Enfant de la guerre civile espagnole et de l'immigration. Il a reçu le Grand Prix SGDL de la poésie et le prix Apollinaire. Il est notamment l'auteur de *Poésie-Action* et *Poèmes pour apprendre à lacer ses souliers* (Le Castor Astral), *Ahuc* et *Le Carnaval des poètes* (Flammarion), *Mathématique générale de l'infini* (*Poésie* / Gallimard) et *Flamenco : Les Souliers de La Joselito* (Les Fondeurs de briques / Dernier Télégramme).

Pauline PICOT est née à Lyon en 1990. Ses séries de performances questionnent l'impératif de compétition, la solitude du quotidien, la candeur en face de l'état du monde. Les éditions Quartett publient ses textes théâtraux depuis 2012. Les éditions Le Feu sacré ont édité son essai poétique *J'étais à la guerre et c'était très vivant*. Sa pièce *Votre âme sœur est peut-être dans cette forêt* a été mise en espace au Théâtre du Rond-Point. Livres de poésie : *À l'heure qu'il sera* (Les Éclairs) et *Permettez-moi de palpiter* (Vroum).

Pierrine POGET est née à Genève en 1982. Elle anime des ateliers d'écriture. Elle a publié les recueils *C'était le mois de taille* (éditions Sables), *Ils étaient six ou sept, nés d'octobre* (Samizdat), *Fondations* (Empreintes), *Inachevée, vivante* (La Baconnière), ainsi que l'essai *Carnets d'une veilleuse* (MétisPresses). Elle a reçu le Prix de poésie C.F. Ramuz. *Warda s'en va : Carnets du Caire* (La Baconnière), son premier ouvrage en prose, a été sélectionné pour le prix Médicis Essai.

Virginie POITRASSON est née à Lyon en 1975. Poète et traductrice de poésie américaine (Ben Lerner, Lyn Hejinian), elle réalise des perfomances et donne régulièrement des lectures publiques. Elle est l'auteure de *Demi-valeurs : I et II*, *Il faut toujours garder en tête une formule magique* et *Le Pas-comme-si des choses* (L'Attente), ainsi que de *Une position qui est une position qui en est une autre* (LansKine) et *Tantôt, tantôt, tantôt* (« Fiction & Cie », Seuil).

Jean PORTANTE est né à Differdange (Luxembourg) en 1950. Traducteur de Juan Gelman, Jerome Rothenberg, Paul Celan, etc. Le Castor Astral a publié ses livres *La Cendre des mots*, *Le Travail du poumon*, *La Réinvention de l'oubli* et *Après le tremblement*. Les éditions Phi ses recueils *Ex-odes*, *Ouvert fermé*, *Effaçonner*, *L'Arbre de la disparition*, *Hexaméron*, *La Tristesse cosmique* et *Jadis je disait*. Il a reçu le prix Mallarmé et le prix Benjamin-Fondane.

Aldo QURESHI, né en 1975 en région parisienne, vit en Bretagne. Il a collaboré à différentes revues dont *L'Intranquille* et *TXT*. Notamment l'auteur de *Made in Éden*, *La Nuit de la graisse* et *Le Roi de la sueur* (Atelier de l'agneau), ainsi que de *Barnabas* (éditions Vanloo), il pratique la performance de sang-froid. Il a reçu le prix CoPo des lycéens.

Grégory RATEAU est né en 1984 à Clichy-sous-Bois. Il vit en Roumanie. Il est l'auteur de *Noir de soleil* (éditions Maurice Nadeau), sélectionné au prix France-Liban et au prix Ulysse du premier roman. Il est également l'auteur des recueils *Conspiration du réel* (Unicité), *Imprécations nocturnes* (Conspiration) et *Le Pays incertain* (La Rumeur libre) pour lequel il a reçu le prix Rimbaud.

Hortense RAYNAL est née en 1993 à Rodez. Jeunesse passée dans l'Espalionnais rural. Poète, comédienne et performeuse, elle invente des formes scéniques à sa poésie, en plus de la faire découvrir par le biais d'enregistrements sonores. Elle est l'auteure de *Ruralités*, préface de Marie-Hélène Lafon (Les Carnets du Dessert de Lune), de *Nous sommes des marécages* (MaelstrÖm) et de *Bouche-fumier* (Cambourakis). Elle a reçu le Prix de la Fondation Antoine et Marie-Hélène Labbé.

Jacques RÉDA, né à Lunéville en 1929, est décédé à Hyères en 2024. Il a dirigé *La NRF* de 1987 à 1996. D'abord magasinier chez Seghers, il y publie en 1952 son premier livre, *Les Inconvénients du métier*. Membre du comité de lecture des éditions Gallimard de 1983 à 2024. Dans nombre de ses livres, il décrit ses promenades parisiennes et franciliennes. Chroniqueur à *Jazz Magazine*. Il a notamment reçu le prix Max-Jacob et le Goncourt de la poésie. Dernier livre paru, *Leçons de l'Arbre et du vent* (Gallimard).

Diane RÉGIMBALD est née à Ottawa (Canada) en 1956. Elle vit à Montréal. La plupart de ses livres sont édités au Noroît : *La Seconde venue*, *Pierres de passage*, *Des cendres des corps*, *Pas*, *L'insensée rayonne* (coédition avec L'Arbre à paroles), *Sur le rêve noir*, *Au plus clair de la lumière* et *Elle voudrait l'ailleurs encore*. En France, ont paru *Échographies* et *Cœur d'orange* (L'Atelier des Noyers), *Toi au soleil pâle ou brûlant* et *De mère encore* (Le Petit flou).

Thomas B. REVERDY est né à La Rochelle en 1974. Ses trois premiers romans constituent une sorte de cycle poétique. Le poète Richard Brautigan (qu'il a préfacé pour Christian Bourgois) est l'un des personnages de son roman *Les Évaporés*. Il a reçu le prix des Libraires, le prix Femina des lycéens et le prix Interallié. Il est notamment l'auteur de *Les Évaporés*, *Il était une ville*, *L'Hiver du mécontentement*, *Climax* et *Le Grand Secours* (Flammarion).

Guillaume RICHEZ est né en 1975 en Avignon. Il vit près de Marseille. Poète, romancier et critique littéraire, il anime le blog Les Imposteurs qui donne avant tout la parole aux poètes d'aujourd'hui. Il a contribué au livre *Rock fictions* (Cherche Midi) de la photographe Carole Épinette. Il est l'auteur des romans policiers *Opération Khéops* (J'ai lu) et *Black$tone* (Fleur sauvage), ainsi que du recueil *Géométrie du cri* (LansKine).

Jean ROUAUD est né à Campbon (Loire-Atlantique) en 1952. Il s'est fait connaître dès la parution de son premier roman, *Les Champs d'honneur* (Minuit), lauréat du prix Goncourt en 1990. Il a poursuivi son cycle familial et autobiographique à travers quatre livres publiés aux éditions de Minuit, et les cinq du cycle de *La Vie poétique*, d'abord chez Gallimard, puis chez Grasset. Les éditions Seghers ont publié *Juge de Montaigne* et, avec Nathalie Skowronek, *Nécessaire d'écriture*.

Jacques ROUBAUD, né à Caluire-et-Cuire (Rhône) en 1932, est décédé le 5 décembre 2024 à Paris, le jour de ses 92 ans. Poète, mathématicien et traducteur. Coopté par Raymond Queneau, il était membre de l'OuLiPo depuis 1966. Selon lui, « un poème est un objet artistique de langue à quatre dimensions : pour la page (c'est-à-dire pour l'œil), pour l'oreille (ce que nous entendons), pour la voix (ce que nous prononçons) et pour une vision intérieure ». Il a reçu le Grand Prix national de poésie, le Grand Prix de poésie de l'Académie française et le Goncourt de la poésie. Il est notamment l'auteur de *Trente et un au cube*, *Quelque chose noir* et *Je suis un crabe ponctuel. Anthologie personnelle (1967-2014)* (Gallimard).

James SACRÉ est né à Cougou (Vendée) en 1939. Il a reçu les prix Apollinaire, Max-Jacob, Roger-Kowalski et Théophile-Gautier. Il est notamment l'auteur de *Cœur élégie rouge* (Seuil), *Brouettes* (Obsidiane), *Figures de solitude* (Tarabuste), *Une rencontre continuée* (Le Castor Astral), *Le Paysage est sans légende* (Al Manar) et *Figures qui bougent un peu et autres poèmes* (*Poésie* / Gallimard). Avec Antoine Emaz, il a co-signé *Sans place / Je s'en va* (Méridianes).

Dominique SAMPIERO est né au Quesnoy, dans l'Avesnois, en 1954. Poète, romancier, scénariste (pour Bertrand Tavernier) et calligraphe, il a reçu les prix Max-Pol Fouchet, Roger-Kowalski et Robert-Ganzo. Ses livres ont surtout été édités chez Gallimard, Grasset, Lettres Vives et La Rumeur libre. Livres de poésie récents : *Inventaire du vide comme neige et fleurs non répertoriées* (Corvelour) et *Mon âme ne roule pas en Audi* (L'herbe qui tremble).

Éric SARNER est né à Alger en 1943. Il vit à Sète. Il est notamment l'auteur de *Éblouissements de Chet Baker* (La Passe du vent), *22 figures au passage* (Les Venterniers), *99 codas* (La Rumeur libre), *Ballade de Frankie* et *Cœur chronique,* préface de Michel Deguy (Le Castor Astral), ainsi que de *Sugar et autres poèmes* (*Poésie* / Gallimard), préface de Jacques Darras. Il a reçu les prix Max-Jacob et Robert-Ganzo. Documentariste, il a signé une vingtaine de films.

Eugène SAVITZKAYA est né à Saint-Nicolas-lez-Liège en 1955. Il vit en Belgique. Une quinzaine de ses livres ont paru aux éditions de Minuit. Ses autres ouvrages ont été publiés par l'Atelier de l'Agneau, Seghers, Christian Bourgois, etc. La Galerie Didier Devillez expose ses dessins, peintures et autres objets visuels et tactiles. Parmi ses derniers livres parus : *À la cyprine* et *Fou de Paris* (Minuit), *Lettres à Eugène* (avec Hervé Guibert, Gallimard).

Jean-Pierre SIMÉON est né à Paris en 1950. Après avoir été directeur artistique du Printemps des Poètes, il dirige la collection *Poésie* / Gallimard. Il a obtenu les prix Apollinaire, Antonin-Artaud et Max-Jacob, ainsi que le Goncourt de la poésie et le Grand Prix de poésie de l'Académie française. Auteur de nombreux livres chez Cheyne dont *À l'intérieur de la nuit,* ainsi que *La poésie sauvera le monde* (Le Passeur), *Une théorie de l'amour* et *Avenirs* (Gallimard).

Jean-Luc STEINMETZ est né à Tours en 1940. Il a reçu le prix Montalte de la SGDL et le prix Paul-Verlaine. Le Castor Astral a publié plusieurs de ses recueils dont *28 ares de vivre* et *Vers l'apocalypse.* Il est l'auteur de biographies et d'essais consacrés à Arthur Rimbaud (Tallandier), Philippe Jaccottet (Seghers), Stéphane Mallarmé, Pétrus Borel et Tristan Corbière (Fayard). Marc Kober lui a consacré un livre aux éditions des Vanneaux. Dernier livre paru : *Ainsi dire* (Tarabuste).

Olivia TAPIERO est née en 1990 à Montréal. Écrivaine, traductrice (Anne Boyer, Roxane Gay, Billy-Ray Belcourt), musicienne et performeuse, elle anime la revue *Moebius*. Ses textes hybrides défient les genres. Elle est l'auteure de *Les Murs* (VLB éditeur), *Espaces* (éditions XYZ), *Phototaxis* et *Rien du tout* (Mémoire d'encrier), *Chairs* (co-dirigé avec Marie-Ève Blais, Triptyque) et *Un carré de poussière* (Éditions du Commun).

Arthur TEBOUL est né à Paris en 1987. Auteur-compositeur-interprète, poète et acteur. Venu à la musique par la littérature, il est le chanteur et parolier du groupe Feu! Chatterton, plusieurs fois nominé aux Victoires de la Musique. Avec Baptiste Trotignon, il a signé l'album *Piano Voix*. Il est l'une de ces voix talentueuses qui, brouillant les genres, redéfinissent de manière originale la scène musicale en France. Il est notamment l'auteur de *Le Déversoir* et *L'Adresse* (Seghers).

Maud THIRIA est née à Paris en 1973. Elle est notamment l'auteure de *Blockhaus* (Æncrages & Co), ainsi que de *Trouée*, *Falaise au ventre* et *Des errantes* (LansKine). Elle a reçu le prix Yvan-Goll. Elle fait des lectures publiques et anime des ateliers d'écriture et de lecture dans des lycées. Elle intervient aussi autour de la langue auprès de publics en difficultés sociales, de migrants et de réfugiés politiques au sein d'associations ou pour l'Éducation nationale.

Milène TOURNIER est née à Nice en 1988. Photographe, elle réalise des vidéo-poèmes. Ses recherches portent sur l'autobiographie, le corps, le jeu et la redéfinition de l'intime à l'aune du partage en ligne sur différentes plateformes. Elle est l'auteure de *Poèmes d'époque* (Polder), *L'Autre jour, Je t'aime comme, Se coltiner grandir* et *Cent portraits vagues* (Lurlure), ainsi que de *Ce que m'a soufflé la ville* (Le Castor Astral). Elle a reçu le prix SGDL Révélation de poésie.

Noah TRUONG est né en 1992 en Île-de-France. Finaliste du Prix de poésie de la Vocation et du Grand Prix SGDL de poésie pour *Manuel pour changer de corps* (Cambourakis), il est aussi l'auteur de *Inventair/e* (Mystic Mixture ; rééd. sous le titre *Et pourtant,* Paulette Éditrice). Il a signé dans *Libération* une tribune en défense de la liberté des personnes trans à disposer de leur corps. Son travail aborde notamment les thèmes de l'existence queer, de la métamorphose, du deuil, de l'amour.

Laura VAZQUEZ est née à Perpignan en 1986. Elle co-dirige la revue *Muscle* avec Roxana Hashemi. Son livre *La Main de la main* (Cheyne) a reçu le prix de la Vocation. *La Semaine perpétuelle* (Éditions du Sous-sol) a reçu le Prix de la page 111 et la Mention spéciale du prix Wepler. Chez le même éditeur, elle est l'auteure de *Le Livre du large et du long* et de *Zéro*. Chez sun/sun est paru *Graine, Lumière, Cuire*. Une anthologie, *Vous êtes de moins en moins réels*, est parue en Points / Poésie. Elle a reçu le prix Goncourt de la poésie.

André VELTER est né à Signy-l'Abbaye (Ardennes) en 1945. Il a reçu le prix Mallarmé, le prix Apollinaire et le Goncourt de la poésie. Il a dirigé la collection *Poésie* / Gallimard. Le Castor Astral a publié *Passage en force, Ouvrir le chant, Étapes brûlées* et *N'importe où*. Chez Gallimard, il est notamment l'auteur de *La Vie en dansant* et *Trafiquer dans l'infini*. Il a signé plusieurs livres sur ou avec Ernest Pignon-Ernest chez Gallimard et Actes Sud.

Laurence VIELLE est née à Bruxelles en 1968. Poète et comédienne, elle a reçu le Grand Prix de l'Académie Charles-Cros pour *Ouf* (MaelstrÖm), le Prix de consécration littéraire de la Scam Belgique et le prix des Découvreurs. Nommée Poète nationale en 2016-2017, une tentative poélitique de dérider en Belgique les frontières linguistiques, elle est l'auteure de *Renaître* (Al Manar), du livre-CD *Domo de poezia* (MaelstrÖm), ainsi que de *Billets d'où* (Le Castor Astral).

Christian VIGUIÉ est né à Decazeville en 1960. Il est l'auteur d'une quarantaine d'ouvrages (théâtre, nouvelles, récits, romans) et d'articles sur des peintres. Il a reçu les prix Antonin-Artaud et Max-Pol-Fouchet, ainsi que le prix Mallarmé. Ses ouvrages de poésie sont surtout publiés chez Rougerie, Le Bruit des autres et à La Table Ronde. Livres récents : *Nature morte avec page blanche, ombre et corbeaux* (L'Ail des ours) et *Comme une lune noire sur ma table* (La Table Ronde).

Thomas VINAU est né à Toulouse en 1978. Il vit dans le Luberon. Prix Roger-Kowalski des lycéens pour *Il y a des monstres qui sont très bons* (Le Castor Astral). Auteur de romans (Alma, 10/18 et Gallimard), d'albums jeunesse, de poèmes ou de récits. Livres de poésie récents : *C'est un beau jour pour ne pas mourir, Le Cœur pur des barbares, Debout dans les fleurs sales* et *La Compagnie des monstres* (Le Castor Astral), *Vivement pas demain* (La Fosse aux ours), *Lettre ouverte au cours naturel des choses* (Le Réalgar) et *Et des poussières...* (Points / Poésie).

Pierre VINCLAIR est né à Aurillac en 1982. Lauréat de la Villa Kujoyama en 2010, il découvre le Japon, puis la Chine et Singapour. Il traduit le *Kojiki* japonais et le *Shijing* chinois. Co-animateur de la revue *Catastrophes*, il est l'auteur de *Les Gestes impossibles*, prix Heredia, *Le Cours des choses* et *L'Éducation géographique* (Flammarion), ainsi que de *Le Confinement du monde* et *La Forme du reste* (Lurlure), *La Sauvagerie* (Corti), *Bumboat* et *Complaintes & Co* (Le Castor Astral).

Stéphanie VOVOR est née à Reims en 1996. Écrivaine et performeuse, elle vit à Paris. Diplômée en droit et théâtre (cours Florent), elle est issue du master de création littéraire de Paris 8. Au sein du collectif Le Krachoir, elle explore de nouvelles formes poétiques via l'élaboration d'un fanzine, de soirées scènes ouvertes, d'ateliers littéraires et de créations sonores. Elle est l'auteure de *Frénésies* (Le Castor Astral).

Chehem WATTA est né en 1962 à Bouraïta (République de Djibouti). Après des études en France, il retourne dans son pays en 1985. La société nomade dont il est issu est l'une de ses principales sources d'inspiration. Il est l'auteur de livres parus chez L'Harmattan, ainsi que de *Sur le fil des départs*, préface de Bernard Noël, *Failles, Les Corps sales* et *Foudres* (Dumerchez).

Clara YSÉ, née Clara Dufourmantelle, est née à Paris en 1992. Auteure-compositrice-interprète, elle est l'auteure du roman *Mise à feu* (Grasset) et du recueil *Vivante* (Seghers). Depuis l'enfance, elle est autant bercée par la voix de Maria Callas que par celles de Janis Joplin, Nina Hagen ou Barbara. Discographie : *Le monde s'est dédoublé* (Tomboy Lab) et *Océano Nox* (Tôt ou tard). Sa chanson « Douce » est nommée aux Victoires de la musique 2024. Elle a obtenu le Prix littéraire de la vocation.

Principaux prix de poésie
Décernés en 2024

PRIX APOLLINAIRE

Michèle Finck

PRIX APOLLINAIRE DÉCOUVERTE

Blandine Merle

GRAND PRIX DE POÉSIE ROBERT-GANZO

Éric Sarner

PRIX SPÉCIAL ROBERT-GANZO

Chehem Watta

PRIX GONCOURT DE LA POÉSIE – ROBERT SABATIER

Louis-Philippe Dalembert

PRIX MAX-JACOB

Guillaume Decourt

PRIX MAX-JACOB DÉCOUVERTE

Gaëlle Fonlupt

PRIX DE L'ACADÉMIE FRANÇAISE

Grand Prix de Poésie
Hélène Dorion

Prix Théophile-Gautier
Patrice Delbourg

Prix Hérédia
Christophe Manon

Prix Lucette-Moreau
Guillaume Decourt

PRIX INTERNATIONAL
DE POÉSIE FRANCOPHONE YVAN GOLL

Jennifer Grousselas

PRIX MALLARMÉ

Alain Breton

GRAND PRIX DE LA MAISON DE POÉSIE

Joël Bastard

PRIX COPO

Henri Alain

PRIX RIMBAUD

Grégory Rateau

PRIX ALAIN-BOSQUET

Patrice Delbourg

GRAND PRIX SGDL DE POÉSIE

Gérard Cartier

Remerciements

Jean-Yves Reuzeau remercie personnellement

Alexandre BORD
Milène BOUCHARD (La Peuplade)
Bernard BRETONNIÈRE
Antoine CARO (éditions Seghers)
Olivier CHAUDENSON
(Maison de la Poésie de Paris / Scène littéraire)
Estelle COCCO (éditions Seghers)
Alice DÉON (éditions La Table Ronde)
Garance DOR (éditions Vroum)
Sacha EARENDEL, Esther SALMONA
et Flora MORICET (revue *cunni lingus*)
Arwad ESBER
Annie ESTÈVES (Maison de la Poésie
Jean Joubert - Montpellier)
Marie FRISSON
Vincent GIMENO-PONS (Marché de la Poésie de Paris)
Patrick GORAGUER
Aymen HACEN
Andrea IACOVELLA (éditions La Rumeur libre)
Guillaume LECAPLAIN *(Libération)*
Mathilde LECORNET (Le Printemps des Poètes)
Issa MAKHLOUF
Dany MARTIN

Marie-Christine MASSET (revue *Phoenix*)
Valéry MOLET (éditions Sans escale)
Francesca MANTOVANI (éditions Gallimard)
Monique MOREAU
Alice NEZ (éditions Gallimard)
Philippe OLLÉ-LAPRUNE
Olivier PHILIPPONNAT
Didier POBEL
Joseph PONTHUS †
Clément RAMOS (Le Castor Astral)
Nicolas REPAC
Yann REUZEAU et Sophie VONLANTHEN
(La Manufacture des Abbesses, Paris)
Frédérique ROMAIN (éditions Gallimard)
Guy ROUQUET
Inès SAIDANI (Le Printemps des Poètes)
Naïma TALEB (Compagnie Résonances, Paris)
Catherine TOURNÉ (éditions LansKine)
Pierre VANDERSTAPPEN (Centre Wallonie-Bruxelles, Paris)
Claude VERCEY (Collection « Polder »)

et bien sûr tous les auteurs présents dans ce livre
qui m'ont amicalement confié des textes inédits.

Table

Pour plus d'information :

www.lisez.com

Imprimé sur du papier issu de forêts gérées durablement.

COMPOSITION ET MISE EN PAGES
NORD COMPO À VILLENEUVE-D'ASCQ
ACHEVÉ D'IMPRIMER EN JANVIER 2025
PAR NORMANDIE ROTO IMPRESSION S.A.S.
61250 LONRAI
N° D'ÉDITION : S14809/01 – N° D'IMPRESSION : 2406043
IMPRIMÉ EN FRANCE